중생이 바라본 금강경

일법 지음

머리글

신은 존재하는가?
신은 있는가, 없는가?
인간에게는 영혼은 있는가, 없는가?
사후세계는 있는가, 없는가?
신은 누가 만들고 왜 만들었는가?
신이 신을 만들었는가, 아니면 인간이 신을 만들었는가?
신은 필요한가.
중생은 삶의 문턱에서 신의 존재를 의심하게 된다.
인간은 신과 영혼이 지옥과 천당이 있는지 없는지 갈등과 미혹 속에서 풀지 못한 숙제를 안고 인간은 삶을 마감한다.

※ ※ ※

일법의 정체성은?

우연히 대 촌놈이 기독교중학교를 입학하여 6년 동안 광주 숭일 중·고등학교를 다니게 되면서 충실하게 믿지는 않았으나 마음속으로 40대 초반까지는 기독교인이라고 자부하였다.

우연히 술에 만취하여 남한산성 성불사란 절에 이끌려 불교에 입문하여 40대 후반부터 현재까지 불교인이라고 하면서도 내가 진정한 불교인인가 의심하면서도 불교를 놓지 못하고 있다.

기독교인이 아니면서 기독교인이고, 불교인이 아니면서도 불교인이고, 자연인이 아니면서 자연인이 되고 싶은 정체성이 없는 종교인이 되었다.

일법은 기독교인이 아니면서 하나님 품에 안길 것이요.
불교인이 아니면서 부처와 중생이 될 것이며,
자연인이 아니면서 자연으로 돌아간다.
일법이 추구하는 종교는 무엇인가.
어느 종교 어느 사상에 치우치지 않는 대자유인 평범한 자연이 되고 싶다.

중생은 묘한 것이다.
미완성이면서 완성이고,
중생이면서 부처이고,
미혹이면서 깨달아 있고,
해탈하지 못했으나 해탈한다.

중생이 바라본 금강경은 미완이면서 완성이다.
혹시 이 책을 구독하시는 분은 완성을 바라지 마십시오.
우연히 불교에 입문하였으나 불법을 이해하기도 깨닫기도 너무 어려워『중생이 바라본 금강경』을 출판하게 된 동기입니다.
일법은 어리석은 중생이라『중생이 바라본 금강경』이 표현이 부족하여도 넓은 아량으로 구독하여 주시길 바랍니다.

인생 너무 거창하게 생각하지 마시오.
그냥저냥 살다가 가시오.
그것이 열반입니다.

차례

금강경1 法會因由 법회가 열리게 된 연유(진리 유위와 무위) ········· 6

금강경2 先賢起請 수보리가 가르침을 청함(질문과 의문)··········· 12

금강경3 大勝正宗 대승의 바른 종지 (금강경의 핵심, 불교의 핵심) ··· 20

금강경4 妙行無住 머무름 없는 묘행 ······························· 26

금강경5 如來實見 진리의 참모습을 보라 ························· 33

금강경6 正信希有 말세의 바른 신심을 희유하다. ················ 41

금강경7 無得無說 얻을 것도 없고 설할 것도 없다 ················ 49

금강경8 依法出生 모든 것이 진리(법)로부터 나온다. ············· 55

금강경9 一相無相 절대의 법은 존재가 아니다. ··················· 61

금강경10 莊嚴淨土 정토는 장엄하다. ····························69

금강경10-1 莊嚴淨土 정토를 장엄하다. ························· 83

금강경10-2 莊嚴淨土 정토를 장엄하다. ························· 94

금강경10-3 莊嚴淨土 정토를 장엄하다. ························· 103

금강경11 無爲福勝 무위의 복덕이 유위의 복덕보다도 더 수승하다 ·· 119

금강경12 尊重正敎 바른 법(가르침)을 존중하라 ················· 125

금강경13 如法受持 (법답게 받아 지니라)························ 130

금강경14 離相寂滅 상을 떠나면 적멸이다(사상) ················· 138

금강경15 持經功德 경을 지니는 공덕 ························ 147

금강경16 能淨業障 업장을 깨끗이 맑힘 ····················· 153

금강경17 究竟無我 수행의 끝은 나는 없다 ················· 160

금강경18 一切同觀 일체를 하나로 관하라(오안) ············· 173

금강경19 法界通化 법계를 모두 통화하다(복덕과 공덕의 차이) ··· 182

금강경20 離色離相 모습과 형상을 여의다. ·················· 187

금강경21 非說所說 말을 여읜 설법(진리) ··················· 195

금강경22 無法可得 진리는 얻을 것이 없다. ················· 202

금강경23 淨心行善 깨끗한 마음으로 선을 닦아라. ·········· 207

금강경24 福智無比 복과 지혜를 비교할 수 없다. ·········· 212

금강경25 化無所化 교화하는 바 없이 교화하다(무아) ········ 220

금강경26 法身非相 법신은 상이 아니다(자성) ··············· 227

금강경27 無斷無滅 단멸함이 없다 ························· 239

금강경28 不受不貪 받지도 않고 탐하지도 않는다 ·········· 247

금강경29 威儀寂靜 위의 저정히다 ························· 253

금강경30 一合理相 진리와 현상은 둘이 아니다 ············ 260

금강경31 知見不生 지견을 내지마라 ······················· 268

금강경32 應化非眞 응화신은 참이 아니다 ·················· 274

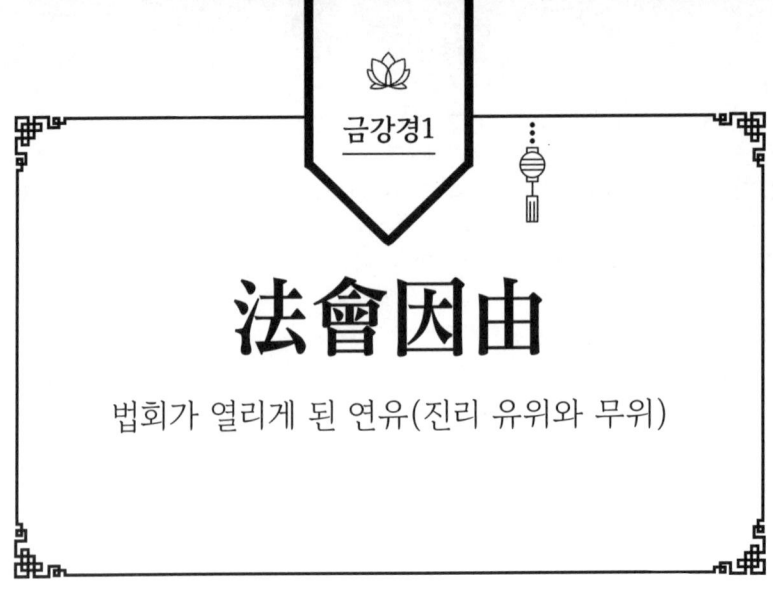

法會因由
법회가 열리게 된 연유(진리 유위와 무위)

이처럼 내가 들었다.

어느 때 부처님께서 사위국 기수급 고독원에서 큰 비구니 1천 2백 50인과 함께 계시었다.

그때 세존께서는 진지 드실 때가 되었으므로 가사를 입으시고 바루를 가지시고 사위성에 들어 가시와 차례로 밥을 비시었다.

그리고 본 곳으로 돌아오시어 공양을 마치신 뒤 가사와 바루를 거두시고 발을 씻으신 다음 자리를 펴고 앉으셨다.

‖ 일법

금강경을 제일 분에서 부처님께서는 다 말씀하신 것이다.

진리라는 것은 따로 있는 것이 아니고 우리가 평상시에 행하는 것이 진리다.

세법이 불법이요 불법이 세법이다.

❄ 일법: 부처님이여, 왜 사바세계에 출연하셨습니까?

‖ 부처님 왈
一大事因緣으로 자연현상을 보여주고 자연의 이치를 가르쳐 주기 위해서다.
삼불을 설하기 위함이다.
보신불은 자연현상이요,
법신불은 자연의 이치이며,
화신불은 자연의 행함이다.

❄ 일법 | 부처님이시여, 그러면 자연현상과 자연의 이치를 설하여 주십시오.

‖ 부처님 왈
유의법(자연현상)과 무위법(자연의 이치, 자성)으로 내가 이미 행했느니라.
내가 발우를 걸치고 걸식하여 공양하고 발을 씻고 자리에 앉은 것이 유의법이다.
사람은 때가 되어 배가 고프면 밥을 먹어야 하고 잠이 오면 잠을 자는 것이 진리라는 것을 묵언으로 이야기한 것이 무위법이다.

- 형상은 만들어지는 有爲의 존재는 無常하여 유위법이고,
자성은 만들어진 것이 아닌 無爲의 존재는 有常하여 무위법이다.
유위는 물질의 변화와 현상을 아는 것으로 현대인의 지식을 말한다.
무위는 물질의 변화와 현상을 관찰하고 분석하여 그 이면에서 일어난 것을 이해하는 것으로 지혜를 말한다(불성, 진여, 반야의 지혜).

일법 | 부처님이시여 반야심경으로 예를 들어 주십시오.

‖ 부처님 왈

겉모양만 변하는 것을 보는 것은 지식이요 유위법이고,
내면의 모습과 흐름까지 보는 것은 지혜로 무위법이다.

• 有爲法은 색불이공 공불이색 색즉시공 공즉시색으로 공의 원리로 無常함을 宗으로 삼는다.

색 뒤는 공이기 때문에 색이 공이요 공 뒤에 색이 있기 때문에 공이 색이니 연기법이 유위법이다.

우주만물(물질현상)은 인연 따라 생겼다가(일어나는 것) 인연이 다하거나 또 다른 인연 따라 없어지는 것이다.

즉 우리의 몸이나 자연의 모든 것은 생겼다가 없어진다. 없어진 것이 다시 모여 또 다른 물질을 재생산하는 것이 제행무상하는 유위법이다(예, 먹이 사슬).

• 是諸法空相 不生不滅 不垢不淨 不增不減 제법 속에는 무엇이 있다고 생각하느냐 그것이 無爲法이다.

항상한 것, 만들어진 것이 아닌 것, 제행무상의 범주에 속하지 않는 것, 영원한 것 등 허공같은 것으로 무위법은 느낌으로 아는 有常함을 宗으로 삼는다.

무위법은 자성이 참된 성품이다.
참된 성품에는 없어지지 않는다.
참된 성품은 되돌아가는 곳이 없다.
참된 성품은 물들지 않는다.
참된 성품은 무량하다.
참된 성품은 차별이 없다.
참된 성품은 헤아려 알 수 없는 것이다.

참된 성품은 볼 수 없는 것이다.
허망한 생각에서 참된 생각이 보인다.
오음 육입 십이처 십팔계가 모두 여래장이다.
오음이 본래 진여다.
비유로는 역사는 흐른다. 이 또한 지나가리라.

일법 | 부처님이시여 유위법과 무위법을 깨치는 방법을 설하여 주십시오.

‖ 부처님 왈

우리의 일반적인 행이 수행 방법이다.

첫째 수행자는 탁발은 처음 정한 집에서부터 빈부를 분별하지 않고 일곱 집을 걸어 탁발하는 것이 유위의 수행이다.

둘째 수행자는 공양하기 전에 잠시 저마다 침묵으로 명상하고 이 음식이 이 자리에 오기까지 수많은 인연, 온 우주법계의 인연에 감사하는 마음을 안으로 은은히 피어오르게 하는 것이 무위의 수행이다.

셋째 수행자는 모든 순간순간이 그대로 수행이다. 잠을 자고, 아침에 일어나서, 밥 먹고, 걷고, 씻고, 앉은 이 행위들은 어느 하나 소중한 수행이다. 어느 한 가지 사소하고 덜 중요한 일이 없고 모든 일을 분별하지 않고 깨달아 유·무위로 수행한다.

• 아침에 일어나는 순간, 숨 쉬는 순간, 밥을 먹는 순간, 일하는 순간, 걷는 순간, 중생들을 만나는 순간, 일상을 마무리하고 잠자는 순간, 일상의 순간순간 몸과 마음이 온전히 거기에 있다. 매 순간 도착해 있다.

어느 다른 목적지를 향해 달려가지 않는다. 이미 도착해 있기 때문이다. 도착지란 바로 지금 순간일 뿐, 또 다른 도착지를 향해 나아가는 것이 아니다. 그러니 도착하려고 애쓸 것도 없고, 깨달으려고 애쓸 것도 없고, 이 괴로운 세상 잘살아 보려고 애쓸 것도 없이 매 순간 도착해 마친 것일 뿐이다.

그러니 더없이 평화롭고 향기롭다. 낱낱이 모든 움직임이 그대로 좌선이고 깨어 있음이다. 모든 순간순간 더 이상 도달할 곳이라고는 없다. 그 순간이 가장 온전한 순간이다. 바로 지금 순간이 우리가 그렇게 찾아 나서던 궁극의 순간으로 수행이자 완성이다.

• 비유로 중국선사의 가르침이다.
어떤 이가 중국 관음사로 출가하여 조주스님을 뵙고,
어떤 놈 왈: 처음 온 제자이오니 잘 修行토록 가르쳐 주십시오.
조주스님 왈: 죽은 먹었더냐?
어떤 놈 왈: 먹었습니다.
조주스님 왈: 그렇다면 우선 바리를 잘 닦아라.
이것이 수행이니라...

일법 | 부처님 열반 후에 중생을 누가 구제할 것입니까?

부처님 왈

내가 오기 전에 여래(자연)가 이미 설해 놓았다.
자연의 생멸 속에 이미 설했으니 걱정할 것이 없다.
부처들이 오시기 전 태고적부터 설해진 것으로 삼세제불이 발견하고 말씀하신 것이다.
불법은 불법이 아니다, 그러므로 불법이다.

• 중생의 말(言)들은 대부분 자연에서, 부모와 사회에서, 학교에서, 책에서, 스승에게 얻어들은 내용을 내 말인 양, 진리인 양 말한다.
자신 내면에서 침묵과 명상을 통해 향기롭게 피어오르는 진실을 찾아보아라.

❚ 일법
삶 속에 인생이 있다는데,
인생이 무엇인가?
그것이 문제로다.
금강경의 화두다.

부처님 게송

인생의 최고 가치는
유위에서 무위를 깨닫고
현상에서 지혜를 깨치는 것이다.

유위법 속에 무위법이
현상 속에 자성이
평범 속에 진리가 있음을 알면
중생이 부처입니다.

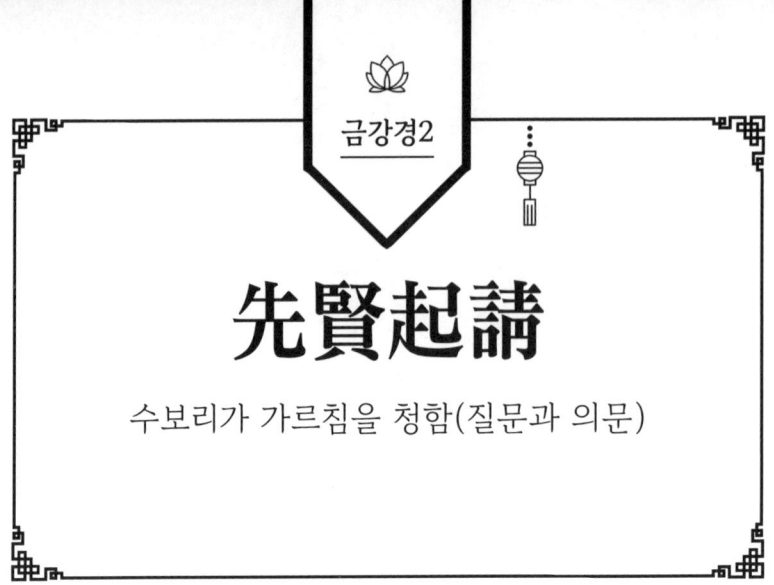

先賢起請
수보리가 가르침을 청함(질문과 의문)

‖ 수보리

希有하옵니다.
여래께서는 보살들을 잘 보살펴 주시고 보살들에게 잘 당부하시옵니다.
- 부처님이시여! 선남자 선여인이 아뇩다라삼막삼보리심으로 깨달은 마음은 어떻게 머물게 하고 유지하며, 번뇌의 마음은 어떻게 항복을 받아야 하겠습니까.

"어떻게 보살도를 행(항복)할 것인가"를 청합니다.

‖ 부처님 왈

수보리야, 갸륵하고 갸륵하도다.
　너의 말과 같이 여래가 모든 보살을 잘 보살 피고 그리고 당부하느니라. 너희들은 이제 잘 들으라. 이제 마땅히 너희들을 위하여 연설하리라.

- 선남자 선여인이 아뇩다라삼막삼보리심(阿耨多羅三藐三菩提心)을 일으킨 이는 마땅히 깨달은 마음을 이와 같이 머물고 그 번뇌의 마음을 이와같이 항복 받을지니라.

‖ **수보리**
그러하옵니다. 세존이시여 바라옵건대 듣고자 하나이다.

‖ **제석천**
중생을 위하여 불법을 원합니다.

‖ **부처님 왈**
금강경을 그래서 설파하는 것이다.
많은 중생을 다 제도하지만 실은 한 중생도 제도한 바가 없느니라.

⚜ 일법 | 부처님 왜 삼독에 빠지셨습니까?

‖ **일법**
어허! 부처님께서 삼독에 빠지셨다.
일독은 중생을 구제하는 마음을 먹은 것으로 탐이요.
이독은 마음이 동하였으니 진이요.
삼독은 금강경과 불법을 설하니 어리석음이요.
어허! 마음 약한 부처님은 청을 거절하지 못해 삼독에 빠지셨습니다.

‖ **부처님 왈**
내가 삼독에 빠졌지만, 중생도 삼독에 빠져야 하느니라.
중생들이여,
법을 배우겠다는 욕망이 있어야 깨닫고,
법을 배움에 동하는 마음이 있어야 번뇌에서 해탈하고,
법을 배우고 배우는 어리석음이 있어야 무여열반(아뇩다라삼먁삼보리) 하느니라.

❈ 일법 | 부처님은 왜 수보리와 제석천 청을 수락하셨습니까?

∥ 부처님 왈

　一大事因緣 때문으로 나의 지견이다.
　지견을 열어 보이고 들어가서 어리석음을 깨달아 모든 중생이 행복하기를 염원하는 커다란 자비 마음에서 청을 수락한 것이다.
　그러나 청(질문)한다는 것은 매우 중요한 일이다.
　배우는 것은 언제나 의심하고 질문하는 일이다.
　배움을 의심하는 것은 지성으로 들어가는 문이다.
　알면 알수록 의심하고 질문이 늘어나는 것이다.
　질문은 삶을 진보할 수 있게 만들어 준다.
　탈무드에서는 '좋은 질문은 좋은 답을 끌어낸다.'라고 하였고, 불교에서는 화두이다.
　뜻밖의 질문은 자기도 미처 생각지 못한 좋은 답을 말하는 수가 있다.
　질문은 지혜로 들어가는 관문이다.

❈ 일법 | 부처님이시여, 보살은 마음을 어떻게 머물게 하고 어떻게 수행해야 하며 어떻게 그 마음을 다스려(항복)야 합니까?

∥ 부처님 왈

　내가 발심한 자를 한없는 자비와 사랑으로 잘 보살피고 감싸주며 호념하였듯이, 또 다른 보리심을 발심한 자들을, 너희 또한 그들을 부처님처럼 공양하는 것이 수행과 마음 다스림이다.

　• 사무량심을 행하고 육바라밀을 수행하는 것이 마음을 다스리는 방법이다.
　불자들은 四無量心을 모르는 분은 없으나 실행이 어렵다.

한량없는 중생에 대하여 일으키는 네 가지 마음을 호념하라.

첫째는 자무량심(慈無量心)으로 한량없는 중생에게 사랑과 즐거움을 주려는 마음이요,

둘째는 비무량심(悲無量心)으로 한량없는 중생의 괴로움을 덜어 주려는 마음이며,

셋째는 희무량심(喜無量心)으로 한량없는 중생이 괴로움을 떠나 즐거움을 얻게 하고 기쁨을 주려는 마음이고,

넷째는 사무량심(捨無量心)으로 한량없는 중생을 평등하게 대하려는 마음이다.

四無量心을 행하면 그대가 여래고 부처입니다.

- 나를 살피고 중생을 살피기 위해서는 공(행심)을 똑바로 알아야 한다.

공(자성)을 알기 위해 수행하는 것이 육바라밀이다.

布施는 물이 모래에 스며드는 것과 같이 흔적 없는 보시와 바라는 마음 없이 행하고 감사하는 마음으로 모든 사람에게 행복을 주는 것이 보시바라밀이다.

持戒는 중생에게 불편을 주지 않기 위해 자신의 몸을 단속하는 것이 지계바라밀이다.

忍辱은 온갖 수모와 박해를 잘 참고 견디는 인내로 나쁜 사람이라도 그 사람 속에는 불성(좋은 점)이 있다는 것을 관(공)하여 찾기 위한 인내를 인욕바라밀이라 한다.

精進은 참고 견디는 이유를 관하는 것으로 인간의 길을 찾는, 즉 공의 원리를 찾는 것이 정진바라밀이다.

여래는 마음의 밭을 갈고 가꾸는 일에 정진하는 사람을 정진바라밀을 수행하는 사람이라고 한다.

禪定은 한 가지만 생각하고 화두만을 생각하는 것, 마음을 안정시키는 것, 조용히 가라앉은 마음의 경지가 선정바라밀이다.

파도칠 때나 잔잔할 때가 이것이 다가 아니라는 것을 관하는 것으로 완전히 잔잔해지는 마음을 유지하는 것이 선정바라밀이다.

객진번뇌로 마음이 요동치면 편안한 마음을 만드는 것이 선정이요 관하는 것이 선정바라밀이다.

智慧는 5바라밀의 완성이다.

모든 존재의 원점은 空(진여, 불성, 진리, 성품)이라는 것을 인식하고 이해할 수 있는 지혜를 말한다.

인간성에 눈 뜨고, 참다운 인간이 되기 위해 수행하며, 인간으로 완성되기 위해서 영원히 노력하는 것이 지혜바라밀이다.

어쩌면 바라밀을 완성하면 보살이고 성불이다.

▍ 어긋나 일법 관

불자님들 저는 사무량심과 육바라밀을 통해 수행하면서도
내가 즐겁기 위해 사랑하고,
괴로움을 잊기 위해 선을 행하고,
중생의 마음은 뒷전이고 혼자 기뻐하고,
평등하게 대한다면서도 마음속에서는 분별과 차별이 있지 않았나 내 마음을 되짚어 보고(깊은 마음속) 참회와 반성을 합니다.
어떤 것이 일법의 마음이고 중생의 마음인지 모르겠습니다.
나무아미타불 관세음보살

▍ 부처님 왈

바다는 다 받아들인다.
일법아 인간의 진상도 다 받아들여라.
그러면 번뇌가 없어진다.

⚜ 일법 | 부처님, 반야심경에서 비유를 원합니다.

∥ 부처님 왈

조견오온개공 도일체고액이다.
여래는 이미 장엄하게 펼쳐 놓았는데 중생들은 이것을 느끼지 못하고,
중생들은 필요 없는 일체의 마음을 만들어 스스로 번뇌하고 있다.
여래는 이미 설하였는데 다시 설하기를 바라니,
여래를 잘 관찰하고 명상하라.
설하기를 바라는 것도 번뇌망상이다.
허허허…

⚜ 일법 | 부처님 개인적인 의문이 있어 청합니다.

지금으로부터 먼 옛날 모년 모월 모일 모시에, 경기도 하남시 남한산성 고골 골짜기에서 직원들과 개고기를 안주 삼아 소주를 너무 많이 마셔 필름(멘탈 상태)이 끊겨 눈을 떠보니(그때까지 기독교인), 한 번도 절에 가는 일도 없었는데 성문사 법당에 누워있었다.

벌떡 일어나 부처님께 절하고 "부처님 죄송합니다. 맑은 정신으로 찾아오겠습니다."하고 절 문을 나섰다.

그 뒤로 5~6년 동안 마음이 불안하면 두세 달에 한 번은 새벽에 성문사 법당을 찾아가 108배를 했고 편안함을 느꼈다.

부처님 전에 절을 하면서 두 가지 소원이 생겼다.

하나는 부처님의 뜻을 깨닫게 하고, 부처님의 잔잔한 미소를 달라고 하면서 주지 않으면 훔치겠다고 하면서, 나는 미워하는 사람이 자주 생기는데 미워하는 사람이 없게 해 달라고 합장하였다.

두 번째는 반야심경을 완전히 깨달아 어린아이도 알기 쉽게 설명하고, 세상

에서 제일 재미있게 설하는 중생이 되게 하여 달라고 빌고 빌었다.
　그 후 종로 인사동 조계사 사찰에서 기본 교육과 주말만 다니는 불교대 2년과 불교대학원 2년을 수료했다.
　시시때때로 전국의 사찰을 돌면서도 두 가지만 빌고 빌었습니다.

　부처님이시여! 부처님의 뜻을 쪼금은 알 것 같으면서도 알지 못하고, 부처님의 잔잔한 미소는 알겠으나 미소도 완전하지 못하고, 아직도 중생을 미워하는 마음을 버리지 못했습니다.
　반야심경을 500번 이상 사경하고 불경 관련 책 금강경, 법화경, 화엄경, 천수경, 능엄경, 육조단경 등 불경들을 수지독송도 많이 하였으나 완전히 깨닫지 못하고 잘 설명하지 못하는 미완의 상태입니다.
　미완성의 중생으로 살 것이면 그냥저냥 살도록 그냥 두시지 왜 불러 마음이 번뇌하도록 하셨습니까?
　그래도 후회는 없습니다.
　부처님 감사합니다.
　쓰잘때기 없는 짓이지만 반야심경과 금강경의 뜻을 못난 중생 일법이 중생들에게 전하고자 하오니 부처님의 가호가 있기를 두 손 모아 합장합니다.

❖ 일법은 두 가지 소원을 부처님 전에 합장합니다.

첫째의 바람
하나, 부처님 당신의 뜻을 알게 하소서.
하나, 부처님의 잔잔한 미소를 주십시오.
하나, 남을 미워하는 마음이 항상 있는데 사랑하게 하여 주십시오.

둘째의 서원(반야심경 서사)
하나, 반야심경을 완전히 깨달아 전하는 중생이 되게 하여 주십시오.

하나, 반야심경을 어린아이도 알 수 있고 제일 쉽게 전하는 중생이 되게 하여 주십시오.

하나, 반야심경을 세상에서 제일 재미있게 전하는 중생이 되게 하여 주십시오.

⚜ 부처님 왈 | 어리석은 일법아

阿耨多羅三藐三菩提은
즉 無上正等正覺은 높고 낮음이 없고 비할 곳 없는 바른 깨달음으로 상구보리 하화중생하는 것이 대승의 나아갈 길이다.

지극히 평범한 것을 깨닫고 그것을 행하라 그것이 불법이고 아뇩다라삼막삼보리다.

이것이 두 가지 소원을 이루는 것이다.

조어장부(부처)는
악한 중생은 선한 중생으로, 선한 중생은 생사 해탈 중생으로. 생사 해탈 중생은 보살도를 행하는 보살로, 보살은 부처로 중생 제도의 길로 들어가게 하는 것이다.

선한 중생 악한 중생도 없고, 선도 악도 없으며, 생사 해탈도 없고, 보살도 부처도 중생도 없다. 모두가 중생의 마음이 만든 것이다.

⚜ 일법의 푸념

숭국의 도는 시원한데 모르겠고,
인도의 도는 알 것 같은데 답답하다.
한국의 도는? 멍 때리고,
일법아! 시원한 것 답답한 것은 깨우치지 못함이다.

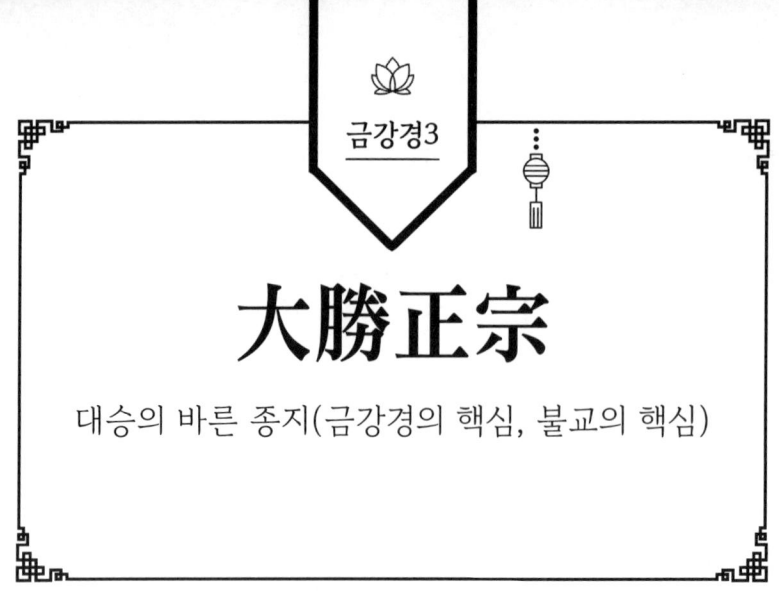

금강경3

大勝正宗

대승의 바른 종지(금강경의 핵심, 불교의 핵심)

∥ 부처님 왈

　모든 보살마하살은 마땅히 이처럼 그 번뇌의 마음을 항복시킬 것이니라.

　무릇 있는바, 모든 중생의 종류인 알로 생기는 것, 태로 생기는 것, 습기로 생기는 것, 화하여 생기는 것, 형상이 있는 것, 형상이 없는 것, 생각이 있는 것, 생각이 없는 것, 생각이 있는 것도 아니고 없는 것도 아닌 것들을 내가 모두 다 교화하여 해탈의 열반(無餘涅槃)에 들게 하여 제도하리라.

　이렇게 하여 한량없이 많은 중생을 다 제도하지만 실로 한 중생도 제도한 바가 없느니라.

　• 왜냐하면 수보리야, 보살이 나라는 생각(我相), 남이라는 생각(人相), 중생이라는 생각(衆生想), 오래 산다는 생각(壽者相)이 있으면 이는 곧 보살이 아니기 때문이니라.

> **일법 |** 부처님 아뇩다라삼먁삼보리를 발한 선남자 선여인 혹은 보리마하살은 그 마음을 어떻게 머물게 하고, 어떻게 수행해야 하며, 어떻게 그 마음을 다스려(항복)야 합니까?

‖ 부처님 왈

좋은 질문이다.

중생을 향한 마음가짐이다.

아뇩다라삼먁삼보리心은 자연을 보편적이고 평등하게 바라보는 것이다.

자연의 형상은 무상하므로 집착하지 말라는 것이고,

자연의 진리는 무아로 머무를 수 없으므로 머물지 말라는 것이며,

자연의 형상과 진리는 따로 있는 것이 아니므로 분별하지 말라는 것이다.

자연의 형상과 진리의 조화와 작용을 깨닫는 것이 불교의 핵심이다.

불교의 핵심이 금강경의 핵심이고 大勝正宗의 宗으로 삼법인을 깨달은 것이다.

❈ 일법 | 부처님 대승의 종지 불교의 핵심, 금강경의 핵심은 무엇입니까?

‖ 부처님 왈

불교의 핵심은 삼법인(印)으로 존재의 참모습이다.

세 가지 진실한 가르침이란 뜻으로, 도장 인(印)자를 쓴 것은 도장은 언제 어디서나 같듯이 부처님의 가르침도 언제 어디서나 같음을 뜻하는 것이다.

諸行無常은 모든 것이 변하여 무상하다는 것이다.

諸法無我은 모든 법에는 실체가 없어 무아이다.

一切皆苦은 모든 것이 변하고 실체가 없어 괴로움을 낳는다는 것입니다.

❈ 일법 | 부처님이시여, 다른 비유로 삼법인을 들어주십시오.

‖ 부처님 왈

불교의 삼불도 삼법인이다.

보신불은 형상이 제행무상이고,

법신불은 법의 실체(자성, 지혜)로 제법무아이며,

화신불은 행으로 중생의 일체 행은 무상하고 무아라 괴로운 것이다.

• 예수님을 초청하여 기독교의 삼법인이 있는지 알아봅시다.

‖ 예수님 왈

초청해주셔서 감사합니다.
기독교의 삼법인은 성부와 성령과 성자입니다.
성부는 하나님이 자연으로 현상(형상)입니다.
성령은 성경(령)이 마음의 법으로 자연의 이치입니다.
성자는 예수님과 기독교인들의 실행입니다.

‖ 부처님 왈

삼법인을 잘 설명해 주셔서 감사합니다.

일법 | 부처님이시여, 삼법인의 諸行無常은 무엇입니까?

‖ 부처님 왈

　諸行無常은 세상의 모든 것이 변한다는 뜻이다. 사물을 있는 그대로 바라볼 때 드러나는 존재의 속성은 바로 모든 것이 변한다는 것이다. 사람들은 천년만년 살 것처럼 생각한다. 권세와 명예, 재산도 자신은 영속할 것으로 착각한다. 그러나 주위에서 죽음을 경험하거나 세도가와 재력가의 몰락을 경험하면서 모든 것이 변한다는 평범한 진리 앞에 설 때, 겸허하게 마음을 비우게 된다. 그리고 차분히 모든 사물을 살피면 지금까지 자신을 유지해 온 생각이 헛된 욕망에 사로잡힌 것이었음을 깨닫게 된다.

　이 잘못된 생각이 바로 전도몽상이다. 사물이 무상하다는 것을 알지 못하고 영원한 것으로 보는 이 잘못된 생각을 버릴 때, 세상을 있는 그대로 볼 수 있고 그 속에서 바르게 사는 길을 알게 된다.

❀ 일법 | 부처님이시여, 삼법인의 諸法無我는 무엇입니까?

∥ 부처님 왈

諸法無我는 모두 변하는 것에 자아(법)의 실체가 없다는 무아의 가르침이다. 모든 것은 항상 변하며 이것은 어떤 조건에 말미암은 것이다. 즉 인연 따라 생긴 것은 인연이 다하면 흩어지기 때문에 고정 불변한 실체란 없다. 무아의 가르침은 우리에게 자기중심적 사고와 아집이 허망한 것임을 가르친다. 자신을 포함한 어떤 존재도 영원한 것이 없기에 생각과 사물 역시 그러하다. 아집과 소유욕을 없애면 인연으로 형성된 존재의 실상을 깨칠 수 있다. 이것을 깨치면 중생의 삶에서 화합과 평화를 앞당길 수 있을 것이다.

❀ 일법 | 부처님이시여, 삼법인의 一切皆苦는 무엇입니까?

∥ 부처님 왈

一切皆苦는 모두 변하는 것과 실체가 없어 괴로움이라는 것이 일체개고이다. 즉 무상하기 때문에 苦라는 것이다. 인간사는 희노애락이 있어 괴로움과 즐거움은 한때임에도 여기에 집착하여 고통을 낳는다는 것이다. 그러나 중생은 언제나 자기중심적인 습성에 길들여져 있어 기쁨과 즐거움을 지속하려고 별별 수단을 다 부리지만, 그런 것은 이 세상에 없다. 진시황제가 죽지 않는 약인 불로초를 구하기 위해 아무리 발버둥 쳤어도 다 부질없는 짓이었다. 진시황제뿐 아니라 동서고금의 모든 영웅호걸과 미천한 신분의 사람도 항상 풍족하고 즐겁고 영원하기를 바라지만, 이 세상 어디에도 그런 것은 없는 법이다.

부처님께서는 인간이 이루지 못하는 욕망을 간파하시고 일체가 괴로움이라고 설파한 것이다. 때문에 부처님의 가르침에 따라 불자가 욕망의 불을 끄고 이 세상을 있는 그대로 볼 수 있게 되면 모든 고통이 사라지고 마음의 평안을 구할 수 있다고 설파하셨다.

🌾 일법 | 부처님이시여, 중생의 삶은 왜 一切皆苦 입니까?

│ 부처님 왈

전도몽상 때문이다.

우리 인간들은 영원히 살 것처럼 탐하고 성내는 어리석음을 범하게 된다.

자신을 가만히 들여다보면 불필요한 것에 고집부리고 무엇인가 잡아보 겠다고 죽을 고생을 하고 잘 나지도 못한 주제에 성질 더럽게 화를 내 옆 사람들을 불편하게 한다.

인간들아, 100년도 못살 인생 죽으면 가져갈 것은 아무것도 없고 다른 사 람을 위하여 남겨두고 갈 것을 왜 집착하고 지랄인가, 놓아 버리면 마음 편 하고 성질낼 일도 없다.

세상사 모두가 일장춘몽이요, 화무십일홍이라.

인생사 모두가 전도된 몽상이다.

놔! 버리고 마음 편하게 훨훨 날아보게나.

🌾 일법 | 부처님이시여, 大乘正宗 즉 대승의 바른 종지는 무엇입니까?

│ 부처님 왈

중생을 깨닫게 하여 이익되게 하는 것이 종지다.

無邊衆生 實無衆生 得滅度者

중생을 멸도하되 실로는 멸도를 얻은 중생은 없느니라.

본래 중생의 청정한 마음에는 번뇌망상이 없어 중생을 구제한 것이 아 니다.

보리심으로 행하기 때문에 중생을 구했다는 생각이 전혀 없다.

삼법인을 깨달으면 그것이 대승의 바른 종지다.

• 제법무아를 육조혜능스님 게송 일부에서

본래 한 물건 없으니 어느 곳에 티끌이 일어나랴.
• 불을 켜니(깨달으면) 어둠(번뇌)은 어디로 갔는가.
본래 밝음과 어둠은 없었다.
• 번뇌는 어디서 왔는가.
번뇌는 생긴 일이 없다. 번뇌를 없애면(깨달으면) 번뇌를 안다.
• 보리심은 허공과 같다.
중생들은 구름만 보고 하늘을 보지 않는다.
번뇌 구름이 없어지면 보리가 보인다.
• 꿈은 꿈을 깨고 나면 꿈인 것을 안다.
깨달아야 번뇌망상을 안다.
이것이 금강경의 종지이다.

일법의 게송

일체 만물은 영원하지 않고 변하고 변하니 집착하지 말라는 것이 무상이요.
일체 생각은 자동적 사고로 생겼다가 곧 사라지는 것이니 번뇌(잡념)하지 말라는 것이 무아이다.
무상무념 즉 밖과 안을 요달하는 것이 무상무아법이다.
이것을 깨우치면 마음이 편안하고 그대는 부처이다.

妙行無住
머무름 없는 묘행

▌ 부처님 왈

　수보리야! 보살은 마땅히 어떤 법에도 머문 바 없이 보시를 행할 것이니, 이른바 형상에 머물지 말고 보시할 것이며, 소리, 냄새, 맛, 닿는 것(觸)과 온갖 法에 머물지 말고 보시해야 하느니라.

　• 수보리야, 보살이 마땅히 이렇게 보시하여 현상(相)에 머물지 말 것이니, 왜 그러냐 하면 만일 보살이 현상에 머물지 않고 보시하면 그 복덕은 가히 생각으로 헤아릴 수 없느니라.

▌ 일법

　삼불에 머물지 않고 행하는 그것이 묘행무주이다.
　즉 보신불은 형상에 머물지 말며,
　법신불은 법(생각)에 머물지 말며,
　화신불은 함에 머물지 말라는 것이다.
　금강경 4분은 보신불 형상에 머물지 말라…
　중생은 항상 형상 속에 살면서 머물러 괴로워한다.

🏶 일법 | 부처님이시여, 妙行無住는 무슨 뜻입니까?

| 부처님 왈

　자연은 묘한 행을 보여주고 말하고 있으나 어리석은 중생을 알지 못하고 보지 못하고, 무주는 묘행이 변하고 변(함이 없는 행)하는데 중생이 느끼지 못함이 답답하다.
　이것이 妙行無住가 諸行無常이다.

🏶 일법 | 부처님 그러면 諸行無常 무엇입니까?

| 부처님 왈

　諸行無常은 세상의 모든 것이 변한다는 뜻이다. 사물을 있는 그대로 바라볼 때 드러나는 존재의 속성은 바로 모든 것이 변한다는 것이다. 사람들은 천년만년 살고 모든 것이 영원할 것으로 생각한다. 권세와 명예, 재산도 영속할 것으로 착각한다.
　그러나 주위에서 죽음을 경험하거나 세도가와 재력가의 몰락을 경험하면서 모든 것이 변한다는 평범한 진리 앞에 설 때, 겸허하게 마음을 비우게 된다. 그리고 차분히 모든 사물을 살피면 지금까지 자신을 유지해 온 생각이 헛된 욕망에 사로잡힌 것이었음을 깨닫게 된다.
　이 잘못된 생각이 바로 전도몽상이다. 사물이 무상하다는 것을 알지 못하고 영원한 것으로 보는 이 잘못된 생각을 버릴 때, 세상을 있는 그대로 볼 수 있고 그 속에서 바르게 사는 길을 알게 된다.
　이것이 諸行無常이고 妙行無住이다.

🏶 일법 | 부처님이시여, 妙行無住과 諸行無常을 구체적으로 설하여 주십시오.

▍부처님 왈

반야심경의 색불이공 공불이색 색즉시공 공즉시색 잘 묘사되어 있다.

색과 공이 한 가지이다. 그러나 중생은 두 가지로 본다.

우주만물(물질현상)은 인연 따라 생겼다가 인연이 다하거나 또 다른 인연 따라 없어지는 것이 연기이다.

즉 우리의 몸이나 자연의 모든 것은 생겼다가 없어진다. 없어진 것이 다시 모여 또 다른 물질을 재생산한다.

부처는 언제나 보편과 평등의 지혜를 내어 분별의 모양을 내지 않고 과거 현재 미래의 세월을 보라.

이것이 諸行無常이고 妙行無住이다.

- 妙行無住의 비유로 윤회이다.

  비유 1. 봄이 되면 씨앗에서 싹이 나고 자라 화초는 꽃이 피고 꽃은 씨앗을 남긴다.

  이것이 색이요 공이다.

  비유 2. 할아버지는 아버지를 낳고, 아버지는 나를 낳고, 나는 자식을 낳는다.

  이것이 공이요 색이다.

- 묘행은 머묾이 없이, 피고 지고 또 피고 지고, 낳고 죽고 또 낳고 죽는다.

변하니 색(재물)에도 탐하지 말고 내 몸의 안일도 바라지 말라.

중생이여, 상에 머물러 있으면 복덕이 감소하나니 상에 머물지 말라.

- 妙行無住은 형상과 자성(지혜)은 동체이다.

물질의 현상(형상)과 변화를 보고 아는 것을 현대인들은 지식이라 하고,

물질의 변화와 현상을 관찰하고 분석하여 그 이면에서 일어난 것을 이해하는 것을 지혜라 한다.

현상에서 자성, 불성, 진여, 반야의 지혜를 보면 見性成佛한다.

❋ 일법 | 부처님이시여, 현상에서 자성, 반야의 지혜를 보는 법을 구체적으로 설하여 주십시오.

‖ 부처님 왈

妙行無住의 형상과 자성을 중생이 알기 쉽게 비유로 설하겠다.

비유1. 장미의 형상과 자성

어느 때가 장미인가?

움이 틀 때, 잎이 자랄 때, 꽃봉오리 맺힐 때, 향기 나고 꽃이 필 때, 꽃이 지고 나면 장미인가.

형상으로 보일 때가 장미인가?

보이지 않는 어떤 힘의 작용(자성)이 장미인가?

비유2. 중생(인간)의 지식과 지혜

어느 때가 나인가?

태어날 때, 유년기, 청소년기, 장년기, 노년기, 죽을 때가 나인가?

사람의 형상이 있을 때(지식)가 나인가?

생노병사하는 전과정(지혜)이 나인가?

• 묘한 것이 妙行無住다.

묘행은 머묾이 없고, 색이 공으로 변하고 변하니, 색이 공으로 변하니 잡을 수 없다.

색은 있는 것도 아니요, 공은 없는 것도 아니다. 모두 공하니 집으려고 애쓰지 말라.

느낌이 있을 뿐이다.

🞻 일법 | 부처님 妙行無住는 어떤 행입니까?

‖ 부처님 왈

경계(형상, 법)에 머물지 않는 행(마음)이다.

육근과 육경의 작용으로 경계가 생기는데 두 가지가 모두 공한 것으로 고정된 실체가 없고 잠시 인연 따라 나타난 것으로 세상(형상)은 변하고 항상하는 것은 없다.

육경은 재행무상이고 육근은 제법무아이라 모두 공한 것이다. 다만 인연 가합으로 인해 신기루처럼, 꿈처럼, 환영처럼 잠시 생겼다가 사라져 중생의 고가 된다.

묘행무주란 빛과 소리, 냄새, 맛, 감촉 온갖 생각에 머물지 않고 행함이다.

즉 일체가 공한 마음으로, 경계에 따라 분별하고 계산하는 마음으로 행한 것이 아니라 텅 빈 마음으로 실천한 것이다.

육근과 육경이 접촉한다고 생각하는 바로 거기에서 인간의 근본 본지인 아상이 생기고 온갖 괴로움이 생긴다.

육근과 육경은 공한 것이니 주고도 준 것이 없고, 받고도 받은 것이 없으며, 주고받은 물건 또한 공했을 때 바로 묘행무주가 실천되는 순간이다.

그것이 함이 없는 보시행, 머무는 바 없는 보시행, 그것이 바로 무주의 묘행이다.

🞻 일법 | 부처님이시여, 보살이 현상에 머물지 않는 보시는 어떤 보시입니까?

‖ 부처님 왈

무주상보시이다.

이 세상에 있는 모든 것들을 내 것으로 편입시키려고 할 때, 내 것으로 만들려고 노력할 때, 즉 내 것이라는 아상이 생겨나는 순간 우리 안에 충만하게 존재하던 무량 대복은 한순간에 사라져 버린다.

　아무런 바라는 바 없이, 아무런 분별없이 베풀고도 베풀었다는 마음이 하나도 남아 있지 않았을 때, 무주상보시가 보시바라밀로 승화한다.

　즉 정해져 있지 않고 셀 수 없기에 오히려 전체가 되어버린 무량의 무루복이 된다.

- 원만 구족이란 소유한 것이 많아서 원만 구족이 아니고 소유한 것은 하나도 없더라도 필요에 의해 가져다 쓸 수 있는 무량대복이 언제나 충만하기 때문에 원만 구족인 것이다.

　무량대복은 상에 머물지 않는 보시, 무주상보시를 실천하는 사람만이 누릴 수 있는 법계의 선물이며, 이치이고 진리이다.

　무주상보시를 실천할 때는 복덕이라는 것 자체에 아무런 의미가 없어야 한다.

　이 우주 법계는 정확하게 필요한 일이 필요한 순간에 벌어지고 있으며, 필요한 것이 정확히 필요한 자리에 놓이게 되어 있다.

　법계의 작용은 한 치의 오차도 없이 인연의 인다라망(因多羅網)이 펼쳐져 있다.

　무소유 했을 때 전체를 소유할 수 있는 것이고, 소유하고자 하면 도리어 소유할 수 없는 이치와 같다. 깨달음을 얻고자 애쓰면 벌써 깨달음은 저만치 달아날 것이지만 깨달음조차 놓아 버렸을 때, 이미 무시무종(無始無終)으로 언제나 깨달음과 하나 되어 있는 것처럼…

- 바라지 않고 구하지도 않고 취하지도 않는 것이 반야바라밀 보시행이다.

　중생은 사랑 법을 몰라 받기를 바라고, 구하고, 취하기 때문에 괴롭고 고통받는 보시를 행한다.

　여래의 사랑 법은 많은 것을 주면서 바라지 않는 무주상보시를 중생계와 허공계가 다하도록 중생을 사랑하면 괴로움이나 고통이 없다.

보살의 가치관은 법에 머물지 않고 바라지 않는 반야바라밀보시를 행하여 마음이 편하다.

- 손의 무주상보시의 비유로 妙行無住를 마친다.
첫째, 손은 모든 일을 하면서 불평이 없다.
둘째, 손은 잘잘못을 따지지 않고 사과도 없다.
셋째, 손은 무분별로 보시한다.
손은 보시하는 것에 기쁨이 없으니 반야바라밀로 무주상보시를 행하라.

일법의 계송

인생은 바람 같은 것

인생은 어디서 왔다가
인생은 어디로 가는가
인생은 바람 같은 것

헛되고 헛된 것이 인생이요
공하고 공한 것이 인생이라
인생은 바람 같은 것

올 때는 두 주먹 불끈 쥐고 왔다가
갈 때는 손바닥 치고 가는 것이 인생이라

如來實見

진리의 참모습을 보라

▍ 부처님 왈

수보리야, 너는 어떻게 생각하느냐.
육신의 몸매(身相)로써 여래를 볼 수 있겠느냐.

▍ 수보리

아니옵니다, 세존이시여!
육신의 몸매로써 여래를 볼 수가 없사옵니다.
왜냐 하오면 여래께서 몸매라고 말씀하신 것은 몸매가 아니옵니다.

▍ 부처님 왈

수보리여,
"무릇 있는바 모든 현상은 다 이것이 허망하니, 만약 모든 현상이 진실 상이 아닌 줄을 보면 곧 여래를 보느니라."

▍ 일법

자연현상에서 자연 이치를 알라.

현상에서 이치를 아는 것은 참 어려운 일이다.
법신이란 형상이 아닌 진리 그 자체의 몸이며, 크고 작은, 나고 죽는 모습이 아닌 진리의 당체이고, 우주법계 대자연의 숨결 그 자체이다.
그러하면 卽見如來요, 見性成佛이다.

일법 | 부처님이시여 여래를 볼 수 있게 하여 주십시오.

‖ 부처님 왈
참 어려운 질문이다.
진리는 자연의 이치이나 설명할 수 없고 느낌으로 아는 것입니다.
옛 성현들의 진리 말씀도 그러했습니다.
부처님은 진리를 이심전심으로 전하고,
예수님은 진리를 침묵하였고,
공자님은 진리를 하늘이 무슨 말을 하더냐,
중생들이여 진리를 말하려 용쓰지 말라.

부처님은 "염화미소의 이심전심" 전했다.
진리는 언어의 차원을 넘는 것으로,
부처님께서 연꽃을 들고 계시니,
염화가섭 존자가 조용히 미소 지으셨다.

‖ 일법
마음으로 전하니 중생은 답답해 죽습니다.

예수님은 "진리는 언어로 말(표현)할 수 없는 것이다."
예수와 본디오 빌라도(로마 총독)의 진리의 대화
본디오 빌라도: 진리가 무엇이오?

(묻고는 대답도 들어보지 않고 나가버린다. 당신은 진리를 말할 수 없소.)
예수: !!!
(대답이 없다. 어찌 진리를 한마디 말로 할 수 있다는 것이오.)

대단한 분들이다. 기독교인도 답답하긴 마찬가지네.

공자님은 "진리는 말하지 않아도 아는 것이다."
공자 왈: 나는 지금부터 말을 아니 하고자 한다.
자공: 선생님께서 말씀을 하시지 않는다면 저희들은 어떻게 도를 배우고 전할 수 있습니까?
공자 왈: 하늘이 무슨 말씀 하시더냐?
　　　　　사시가 운행되고 만물이 생멸하는 것이다.

말이라도 하시니 편하긴 하나 제자들은 답답합니다.
공자님의 '하늘이 무슨…' 말을 돌리지 말고 이것을 말씀하십시오.

틱낫한 스님은 "진리는 말로 설명하지 않아도 이해하는 것이다."
베트남의 틱낫한 스님이 미국 유학 중에 진리의 발견은,
"방에서 뒹굴뒹굴 놀면서 밥 먹고 똥 싸는 것이 진리라는 것을 깨달았다."
이다.

그래 그것이여, 그것이 무엇이지…

허허허…
그분이 그분이여,
진리는 말로 전할 수 없는 것이다.
중생들은 진리는 특별한 것이라며 생각한다.

그러나 진실로 보편적이고 평범한 것이다.
중생에게 네 가지 보지 못하는 것이 있다.
- 물고기는 물을 보지 못하고,
- 사람은 바람을 보지 못하고,
- 미혹한 사람은 자성을 보지 못하고,
- 깨달은 사람은 허공을 보지 못한다.

중생은 진리 속에 살면서도 진리를 보지 못한다.
이 세상은 끝이 없는 것으로 자연은 그냥 가는 것이다.

일법 | 부처님이시여, 어리석은 중생을 위하여 어떤 진리의 말씀을 하셨습니까?

∥ 부처님 왈

진리는 말로 전할 수 없어 삼처전심의 행위로 말했다.

삼처전심(三處傳心)이란 내가 세 곳에서 마하가섭 존자에게 마음으로 진리를 전한 것이다.

첫째는 다자탑전분반좌(多子塔前分半坐)이고, (무상)
    내가 자리를 살짝 비워주는 것은 자연은 항상 변하고 변하는 것이다.

둘째는 영산회상염화미소(靈山會上拈花微笑)이며, (무아)
    내가 연꽃을 보이니 염화가섭이 미소 짓는 것은 자연은 돌고 돌기 때문이다.

셋째는 사라쌍수하곽시쌍부(沙羅雙樹下) 곽시쌍부(郭示雙趺)이다. (집착)
내가 죽고 난 후에 제자가 너무 슬퍼하여 발을 살짝 내민 것은, '너도 죽을 것인데 너무 슬퍼하지 말라, 이것이 자연 이치로 생멸한다.'라는 것이다.

⚜ 일법 | 부처님이시여 진리를 간단하게 설명하여 주십시오.

| 부처님 왈

본래불(진리)이란 이런 것이다.

우리가 그렇게 스스로 상을 짓고 부수고, 행복을 만들어 없애고, 그러는 이 순간에도 본연의 세계, 이 진리의 법계에서는 아무 일도 일어나지 않고 있다.

본래 이 세상에는 아무런 일도 일어나지 않았고, 아무런 변화도 없으며, 그 어떤 무언가가 나타나지도 않았다는 말이다. 나타나지 않았으니 소멸할 것도 없고, 괴로워할 아무것도 없다. 본래 자리로 가면 일체 모든 것이 딱 끊어진 적멸의 자리일 뿐이다.

아무리 우리가 몇백 생을 윤회하며 나고 죽고를 반복하더라도, 본래불의 입장에서는 아무 일도 없는 것이다.

우리가 거기에 얽매여 괴로워하고 답답할 아무 이유가 없다.

혼자 지랄일 뿐이다.

그것이 진리이다.

⚜ 일법 | 부처님이시여, 무엇으로 부처상(진리)을 볼 수 있는가?

| 부처님 왈

32身相으로 여래를 볼 수 있느냐.

| 수보리

身相 卽非身相(신상은 신상이 아닙니다).

| 부처님 왈

凡所有相 皆是虛妄(제상은 다 허망한 것이다).

- 若見諸相非相(모든 형상을 형상 아닌 것으로 보면 된다).
  即見如來(여래를 보리라)
- 진리의 참된 이치는 일체 모든 상의 허망함을 일깨우며, 일체의 모든 상이 아님을 바로 보도록 이끌어 줌으로써, 결국 여래를 볼 수 있도록 수행의 나아갈 길을 제시하고 있다.

중생은 형상에 얽매이고, 형상에 집착하며, 형상으로써 일체 모든 존재를 분별하며, 어리석게도 분석하고 판별하여 모든 대상에 집착하기 때문에 모든 괴로움이 시작한다.

중생들이여,

인연에 의해 만들어진 것은 모두가 항상하지 않으며(無相), 고정된 실체가 있지 않고(無我), 텅 비어 실체가 없는(空) 것에 집착하니 중생은 괴로운 것이다.

- 금강경의 四句偈(넉 사, 글귀 구, 쉴 게) 요지는 내가 이 지상에 오신 참뜻은 자연의 이치를 正見하여 진리를 바로 보고 집착하지 말라는 것이다.

첫째는 如理實見 5分: 실다운 진리를 보라.

무릇 형상이 있는 것은 모두 허망하다. 만약 모든 형상을 형상이 아닌 것으로 보면 '곧 여래를 보리라.'라는 의미이다.

둘째는 莊嚴淨土: 10분 진리 안으로 들어가 자성을 보라.

응당 색에 머물러서 마음을 내지 말며, 응당 성향미촉법에 머물러서 마음을 내지 말것이요, 머무른 바 없이 그 마음을 낼지니라. 일체유심조이다.

셋째는 法身非相 26분: 진리와 나는 따로 있는 것이 아니다.

만약 색신으로 나를 보거나 음성으로서 나를 구하면 이 사람은 사도를 행함이라 능히 여래를 분별하여 집착하지 말라.

넷째는 應化非眞 32분: 진리와 함께 놀고 즐기라는 것이다.

일체의 함이 있는 법(형상계의 모든 생멸법)은 꿈과 같고, 환상과 같고, 물거품과 같으며, 그림자와 같으며, 이슬과 같고, 또한 번개와 같으니 응당 이처럼 관할지니라.

부처님 게송

중생의 행복
중생은 지견을 내지 말지어다.
지견은 중생의 분별심이고 번뇌이다.
그러나 지견은 좋은 것이다.

여래가 되기 위해 중생은 번뇌하고,
깨닫기 위해 중생은 어리석게 생각하고,
열반을 위해 중생은 사바세계를 열심히 산다.

중생의 번뇌와 어리석은 생각이 사바세계의 행복이다.
중생들이여! 인생은 미완성이 완성이다.

❋ 일법은 진리가 무엇인지 알지 못하여 게송으로 대변하겠습니다.

자연의 순리

꽃이 피고 지고 또 피고 지네
해와 달은 돌고 도네
중생은 낳고 죽고 또 낳네
무엇이지...
이것을 무엇으로 설명하지...
알기는 알겠는데...
말로 설명하기는 어렵네...
예수와 부처와 공자 스님의 이심전심으로 전하였다.
이히히 진리란 그런 것인가.

- 일법거사

正信希有

말세의 바른 신심을 희유하다

‖ 수보리

세존이시여, 열반 후에 어떤 중생들이 이와 같은 말씀이나 글귀를 듣고 실다운 신심을 낼 수 있겠나이까.

‖ 부처님 왈

그런 말은 하지 말라. 여래가 가신지(滅度) 二千五百年(後五百歲) 뒤에도 계를 받아 지니고 복을 닦는 자가 있어서 능히 이와 같은 말과 글귀에 신심을 내어 이것을 여기리라. 말씀과 신심으로 부처가 될 수 있다고 믿고 따르리라.

• 수보리여! 마땅히 알라.

내(자연=여래)가 선근의 마음을 심었을 뿐만 아니라 태고부터 있었고 먼저 간 부처님이 선근을 심었다.

그리고 내가 발견하고 말한 것이고 중생의 마음에는 선근이 있다.

모든 사람은 부처가 될 수 있는 착한 마음을 심어 두었으니 누구든지 이 글귀를 듣고 한 생각하고 지극 정성으로 믿으면 부처가 될 수 있다.

• 나의 설법은 중생에게 들어가는 법(믿음)을 말할 뿐이다.

• 수보리야, 여래는 모든 중생이 이처럼 한량없는 복덕을 얻는 것을 다 알고 다 보느니라.

• 왜냐하면 이 중생들은 다시는 '나라는 생각(我相)', '남이라는 생각(人相)', '중생이라는 생각(衆生相)', '오래 산다는 생각(壽者相)'이 없으며, '진리라는 생각(法相)'도 없기 때문이다.

• 왜냐하면 이 모든 중생이 만일 마음에 어떤 상을 취하면 '나라는 생각(我相)', '남이라는 생각(人相)', '중생이라는 생각(衆生相)', '오래 산다는 생각(壽者相)'에 집착하게 되기 때문이니.

• 왜냐하면 만일 진리란 생각을 취하여도 '나라는 생각 (我相)', '남이라는 생각(人相)', '중생이라는 생각(衆生相)', '오래 산다는 생각(壽者相)'에 걸리게 되며 '그릇된 법'이란 생각을 취하여도 곧 '나라는 생각 (我相)', '남이라는 생각(人相)', '중생이라는 생각(衆生相)', '오래 산다는 생각(壽者相)'에 걸리기 때문이다.

• 그러므로 바른 진리(正法)를 지키지도 말고, 그릇된 법을 지키지도 말 것이니. 그러기 때문에 부처님이 항상 말씀하시기를 "너희들 비구는 내가 말한 바, 법이 뗏목과 같은 줄을 알라."라고 하였으니, 진리도 오히려 놓아 버려야 하거늘 하물며 그릇된 법이랴.

▎일법

자연(여래)은 이미 말씀과 글귀를 수 놓았는데,
중생들이 듣지 못하고 보지 못하고 믿지 못할 뿐이다.
모든 종교의 시작은 믿음으로부터 시작이다.
불과 보살 앞에 나무(믿음)로 시작은 믿음을 강조하는 것이다.
기독교의 '믿음, 소망, 사랑 중에 제일은 사랑.'이라고 하는데, 믿음이 처음 나오는 것은 믿음에서 시작하기 때문이다.
친구에게 속는 것보다 친구를 믿지 못하는 마음이 더욱 나쁘다는 것은 믿음을 강조하기 위함이다.

❈ 일법 | 부처님이시여, 성현들은 믿음에 어떤 유혹이 있었습니까?

∥ 부처님 왈

나는 마왕과 예수님은 사탄의 믿음 시험이 있었다고 하나, 그것은 자신의 마음(수미산)과 싸움이다.

- 나 석가모니는 마왕(마음)의 유혹(믿음 시험)을 항복시켰다.

첫 번째 시험: 마왕 파순은 세 딸을 보내어 고타마를 육체적 욕망으로 유혹하고,

두 번째 유혹: 마왕 파순은 혐오, 기갈, 집착 등 마음속의 온갖 정신적 번뇌를 시험하고,

세 번째 유혹: 마왕이 마지막 제시한 것은 전륜성왕의 제도적 권력욕으로 유혹하였다.

고타마는: 허허허...

"세상에선 무기를 써서 사람의 마음을 움직이나,

나는 중생을 평등(如如)하게 여기는 까닭에,

무기를 사용하지 않고 평등한 행과 인자한 마음으로 악마를 물리쳤나니."

고타마는 수행에 들어가 세상의 깨달은 그 이치는 "모든 것이 서로 의지하여 일어나고, 이것이 있기에 저것이 있고, 이것이 멸하기에 저것도 멸하는 것이다."라는 연기의 진리로 유혹을 물리쳤다.

예수님 왈: 내가 광야에서 40일간 기도 중에 허기와 굶주림 그리고 마음의 갈등이 있을 때 사탄이 나타나 나의 믿음을 세 번 시험하고 유혹했다.

제1시험 육체적 굶주림의 고통과 마음의 욕망(식욕)이 있을 때 사탄이 나타났다.

사탄 왈: 네가 만일 하나님의 아들이면 명하여 이 돌들이 떡 덩어리가 되게 하라.

예수님 왈: 사람이 떡으로만 살 것이 아니요, 하나님의 입에서 나오는 모든 말씀(성령)으로 살 것이라.

제2시험 성전의 꼭대기, 두려움과 공포 상태에서 사탄이 나타나 진과 어리석음을 시험했다.

사탄 왈: 네가 만일 하나님의 아들이면 뛰어내리라.

예수님 왈: "주 너의 하나님을 시험치 말라."

제3시험 지극히 높은 산으로 올라가서 온 세상을 내려보면서 사탄이 권력욕을 시험했다.

사탄 왈: 만일 내게 엎드려 경배하면 이 모든 것을 네게 주리라.

예수님 왈: 사탄아 물러가라, 주님인 너의 하나님께 경배하고 다만 그를 섬기라.

예수는 두 손 모아 기도하여 성부와 성령과 성자의 이름으로 아멘.

중생들이여! 믿음은 종교의 시작이요 끝입니다. 옴마니 반매흠.

🌾 일법 | 부처님이시여, 어떤 마음으로 믿음을 希有해야 합니까.

‖ 부처님 왈

자연을 관수행하고 믿는 것이다.

관수행은 여래(자연)를 머리로 해석하지 않고, 대상을 분별하지 않으면서, 그저 있는 그대로를 바라보는 것으로 매 순간 그저 있는 그대로 바라보는 것이 곧 선근을 심은 것이다.
　자기의식을 가지고 분별하여 바라보는 것은 중생의 삶이고,
　그저 있는 그것을 있는 그대로 바라보는 것이 부처의 삶이다.
　선근을 심는 것은 애써서 무언가를 하는 것이 아니라,
　그저 애쓰지 않고 있는 그대로 놔두고 있는 그대로 보는 것이 관수행의 무위법이다.
　염불, 독경, 절 수행, 기도하면서 언제나 마음은 '지금 여기'에 있어야 하며 마음을 집중하여 관이 믿음의 희유이다.

※ 일법 | 부처님이시여, 어떤 마음으로 믿어야 합니까?

‖ 부처님 왈
　진리라는 집착까지도 놓아 버려야 한다.
　'이것만이 진리다.'라고 했을 때 그것은 더 이상 진리가 아니다.
　진리는 어디에도 있다. 불교에도 있고, 기독교에도 있고, 천주교에도 있고, 알라신에게도, 저 아프리카 오지에도, 인디언이나 원주민에게도, 저 숲 속의 동식물에게도 진리는 있다.
　지금 이 시대에 인류에게 가장 필요한 말이다.
　내 종교만이 진리라는 어리석은 생각을 버려야 한다.
　특히 한국교회는 하나님만이 유일신이라는 배타주의, 타 종교는 이해하지 않고 포용하지 않는 선입관의 독선주의, 타 종교는 미신이라며 믿지 말고 자기 신만이 유일신이라고 말하며 억압하는 극단적인 폭력주의, 성경만이 유일한 경이라는 문자주의에 빠져있다.
　참된 종교나, 진리라면 어디에도 갇혀 있지 않아야 한다.
　진리라는, 종교라는 틀을 정해 놓고 그 틀 안에서만 진리를 찾고자 한다면 그것은 보편적인 진리가 될 수 없다.
　법도 놓아 버려야 하며, 법 아닌 것도 또한 놓아 버려야 비로소 걸림 없는

대자유를 얻을 수 있고 종교로부터 해탈한다.

❋ 일법 | 부처님이시여 어떤 수행을 正信希有입니까.

‖ 부처님 왈

믿음이 변질해 가고 있어 마음이 아프다.
처음에 해탈견고라 발심하여,
선정견고 수행정진하고,
다문견고 경전수행 하였으나,
탐사견고 마음의 해이로 구복신앙이 되어 발심은 식어 부처님은 멀어져 수행하지 않아 마음이 아프다.
투쟁견고 그러나 투쟁견고하여 깨달아 성불하라.
• 그리고 삼학을 지켜라. 마음을 하나의 대상에 집중하여 산란하지 않은 상태를 가리키는 것으로, 우리 불자들이 닦아야 하는 戒, 定, 慧의 三學에서 定과 통하는 것이다.
계를 지키고, 선정을 닦고, 깨달음을 실천하고, 지혜를 요달하고 진리를 깨달아 반야바라밀을 행하라.
계로 악에서 선으로,
선정으로 욕망에서 벗어나고,
혜는 공함을 보고 상념을 여윈다.
인간에게는 육상 사상과 법상(있음), 비법(없음)상이 있다.
어떠한 상을 만들면 청정 법신을 잊어버리고 아상이 나타난다.

不我相도, 不人相도, 不衆生想도, 不壽者相도 만들지 말고,
法相도(있다는 것도), 異法相도(없다는 것도), 無相正佛(부처도) 만들지 말고,
無念으로 살라 하라. 그러면 그대도 부처가 된다.

아상도, 인상도, 중생상도, 수자상도 만들지 말고,
있다는 것도, 없다는 상도 만들지 말고, 부처님 상까지 만들지 말라.
오직 무념으로 살라. 그러면 그대가 부처다.

⚛ 일법 | 부처님이시여, 중생은 어떤 믿음을 가져야 합니까?

‖ 부처님 왈
중생의 믿음은 의심의 믿음(마음의 갈등)이다.
부모의 태아와 유아기의 믿음은 절대적 믿음이다.
청소년 시기의 믿음은 우정의 믿음이다.
남녀의 믿음은 사랑의 믿음이다.
사회와 직업은 관계 형성의 믿음이다.
부부의 믿음은 신뢰의 믿음이다.
자식과 부모의 믿음은 사랑과 용서 통합의 믿음이다.
인간과 자연의 믿음은 분노와 좌절 그리고 굴복과 수긍의 믿음이다.
자신의 믿음은 놔 버리는 초월과 통찰의 믿음이다.

일법의 게송 "중생의 근심과 걱정"

신은 인간들이 근심 걱정 없기를 바라지 않는다.
근심 걱정이 없으면 인간들이 신을 찾지 않기 때문이다.
사람들이여,
근심 걱정 없기를 바라지 말라. 근심 걱정이 없으면 인생이 살맛이 없기 때문이다.
신도 근심 걱정 없기를 바라지 않고, 근심 걱정이 없으면 인생이 살맛 나지 않는데,
중생들이여 왜 근심 걱정 없기를 바라는가.
주변을 돌아보면 사람에게는 크고 작은 근심 걱정이 있고, 이것이 인간사이다.
중생들이여 근심 걱정하지 말고 근심 걱정을 즐기라.
이것이 근심 걱정의 해탈입니다.
어허! 부처님과 예수님은 인간이 근심 걱정 없기를 바라지 않는다.

無得無說

얻을 것도 없고 설할 것도 없다

▎부처님 왈

수보리야, 너는 어떻게 생각하느냐. 여래가 아뇩다라삼막삼보리를 얻었느냐.

또 여래가 말한 바 법이 있느냐.

▎수보리

제가 아옵기는 부처님께서 말씀하신 뜻은 결정된 진리가 있어서 그것을 아뇩다라삼막삼보리라 하시는 것이 아니오며, 또한 결정된 내용이 없는 진리를 여래께서 말씀해 주셨나이다.

왜 그러냐 하오며 여래께서 말씀하신 진리는 취할 수도 없고 말할 수도 없고 진리가 아니고, 진리가 아닌 것도 아니기 때문이옵니다.

왜 그러냐 하오면 모든 것을 깨달은 현인과 성인은 상대의 세계를 뛰어난 無爲의 절대법 가운데 차별(함이 없는 행)이 있기 때문이옵니다.

▎일법

아뇩다라삼막삼보리는 거창한 것이 아니다.

지극히 보편적이고 평범한 것을 깨달으라는 것이다.
위도 없고 아래도 없는 우리가 지금 살고 있는 삶을 알라는 것이다.

일법 | 부처님이시여, 대도무문은 어떤 문입니까?

| 부처님 왈
대도에는 들어가는 문이 없다는 뜻이다.
깨달음은 정해진 코스로만 들어가는 것이 아니라 정해진 법이 있지 않으므로 어느 곳으로도 들어갈 수 있다는 것이다(부처님의 연꽃과 마하가섭, 구지스님의 손가락, 염불, 묵상).
중생의 깨달음의 깨침은 정법과 비정법으로 깨침을 줄 수 있다는 것으로 남녀노소, 악한 사람 선한 사람 등 법문을 듣는 사람의 근기의 정도가 다 다르기 때문이다.
• 대도무문에 비유를 들겠다.
마음이 병들어서 괴로워 어떤 사람이 도인을 찾아가 질문을 했다.
도인도 지옥에 가는 수가 있습니까?
때때로 지옥을 가지.
어느 때에 지옥을 가나요?
그대와 같은 사람을 만날 때면… 무엇을 얻고 설할까.

일법 | 부처님이시여, 깨달음이 있습니까?

| 부처님 왈
깨달을 정해진 법이 없어, 법을 취할 수도 없고, 말할 법도 없으며, 법도 아니고, 법이 아님도 아니기 때문에 깨달음은 있는 것도 아니고 없는 것이 아니다.

❖ 일법 | 부처님이시여, 진리가 있습니까?

‖ 부처님 왈
　진리는 없어진 적도 없고, 다시 만들어진 적도 없으며, 아니 진리라는 이름 붙일 만한 그 어떤 것도 존재하지 않는다.
　그러므로 진리는 '즉비진리'이고 '시명진리'이다.

❖ 일법 | 부처님이시여, 중생에게 괴로움은 있습니까?

‖ 부처님 왈
　괴로움의 실체가 없는데 중생은 스스로 만들어 낸 고정관념으로 욕심과 집착에서 괴로움이 생긴다.
　진리와 깨달음은 실체가 없는데 왜 붙잡고 괴로워하는가.
　그냥 놔버려라.
　그러면 자유롭고 평화로운 것을 깨달을 것이다.

❖ 일법 | 부처님 설할 것이 있습니까?

‖ 부처님 왈
　진리와 깨달음은 실체가 없고(無我) 항상 하지도 않아(無常) 아상과 집착이 만들어 낸 것을 가지고 무엇을 설했다는 것인가.
　삿된 욕심이나 집착 분별을 깨면 스스로 진리가 드러나 깨달을 것이다.
　바로 대승불교의 이념인 파사현정(破邪顯正: 그릇된 것을 깨뜨려 없애고 바른 것을 드러낸다는 의미)이다.
　무엇을 설한단 말인가 똥고집을 부리겠다는 말인가.
　모두가 방편일 뿐이다.

일법 | 부처님이시여, 함이 없는 행은 무엇입니까.

| 부처님 왈

어떤 일을 함에 있어 집착하거나, 욕심이 있거나, 했다는 상이 있거나, 아상과 아집이 있다면 그는 유위를 행하는 것이지만, 집착을 비우고 욕심을 비우고, 아상과 아집을 놓은 채 그 일을 했다면, 그는 겉으로 보기에는 차별적인 어떤 일을 하고 있더라도 사실은 무위로 한 것이다.

• 현인과 성인은 내가 했다는 아상이 없고 집착이 없는 무위로 행한 것이 행함이 없는 행인 것이다.

나고 늙고 병들고 죽는 것을 다 하면서도 거기에 물들지 않는 것이 무위법으로써 차별을 두는 것이다.

그래서 이 세상 삼라만상 그 어떤 곳에서도 법신불을 친견할 수 있는 것이다.

• 무위의 행을 하면 무위의 법을 설하기 때문에 어느 것 하나 고정된 법이 없다. 고정된 어떤 것도 없기 때문에 도리어 그 어떤 것에도 수만 가지로 응할 수 있는 것이다. 무수한 중생이 있고 무수한 근기의 중생이 있으며, 또한 중생들의 무량한 괴로움이 있지만 여래는 무위의 행과 무위의 법을 설하기 때문에, 고정되지 않은 무량한 중생과 무량한 근기와 무량한 괴로움을 자유자재로 다루는 차별법으로 중생 앞에 나타날 수 있는 것이다. 이것이 설함이 없는 설함으로 無得無說이다.

일법 | 부처님이시여, 均如法이 무엇입니까?

| 부처님 왈

균여법이란 평범하면서도 오묘한 것으로 아뇩다라삼먁삼보리다.

- 아뇩다라: 無上(진리는 지극히 평등하고 보편적인 것)을 깨달으라.
- 삼먁삼보리: 正等覺 삼보(보신불, 법신불, 화신불)를 깨달으라.

위도 없고 아래도 없으며 보편적이고 완전하고 평범한 올바른 깨달음이 균여법이다.

어느 스님의 법문을 듣고 요약한 것을 게송으로 남김.

물 위에 바람이 스쳐 지나가 파도가 일면 물보라(파도)가 멋있다 감탄한다.
물은 성품이요 바람은 객이다.
파도는 잠깐 일었다가 사라지는 허망한 현상이다.
물과 파도는 같으면서 다르고 그러나 항상 붙어 다닌다.
물과 파도는 본래 면목은 같으나 현상은 다르다.
중생은 물은 보지 않고 파도만 본다.

청춘남녀가 눈(마음)이 맞아 사랑하면,
사랑은 성품이요 남녀는 객이다.
사랑은 마음이 동하는 번뇌망상이다.
중생은 사랑이 번뇌망상인 줄 알면서도 이 맛에 산다.
사랑은 청정한 마음이 만든 것이나,
중생은 마음은 보지 못하고 망상인 사랑에 취해 번뇌로 괴로워한다.

현상인 파도와 사랑은 허망한 것이니 집착하지 말고,
성품인 물과 마음을 보라는 것이다.
이것이 견성성불이다.
그러면 그대가 부처이다.

불교대 재학중에 강의를 들으면서

• 모기의 운명
스님: 불자로 살면서,
　　　　모기를 죽여야 하느냐, 살려야 하느냐.
　　　　이것이 문제로다.
일법: 나무아미타불.
도반1: 자비의 마음으로 살려야 한다.
도반2: 중생에게 해를 끼쳤으니 죽여야 한다.
일법은 되물었다.
일법: 스님! 모기를 죽일까요, 날려 보낼까요?
스님: "되돌아보는 것이 인생이다."

| 일법

차별의 행위를 하나 무위의 행, 함이 없는 행, 집착이 없는 행, 아상이 없는 행, 관념이 없는 행, 아뇩다라삼먁삼보리 행이, 성인 부처의 행이 無得無說이다.

• 얻을 것도 설할 것도 없는 우리 인생.
빈손으로 왔다 빈손으로 가는 것이 인생이다.
중생들은 태어나면서 주먹을 꼭 쥐고 태어났다가 죽을 때는 손바닥 펴고 가는 것이다.
중생들은 잡으려고 용쓰다가 허공만 잡고 있다가 그것도 그냥 놓고 간다.
중생들은 얻은 것이 없는데 얻을 것이 무엇인가.
나도 없고 너도 없는데 누가 누구에게 무엇을 설한다는 것인가.
무지에서 깨달음으로, 중생에서 부처로, 변해 얻은 것이 없는데,
중생들은 얻었다고, 깨달았다고 기고만장한다.

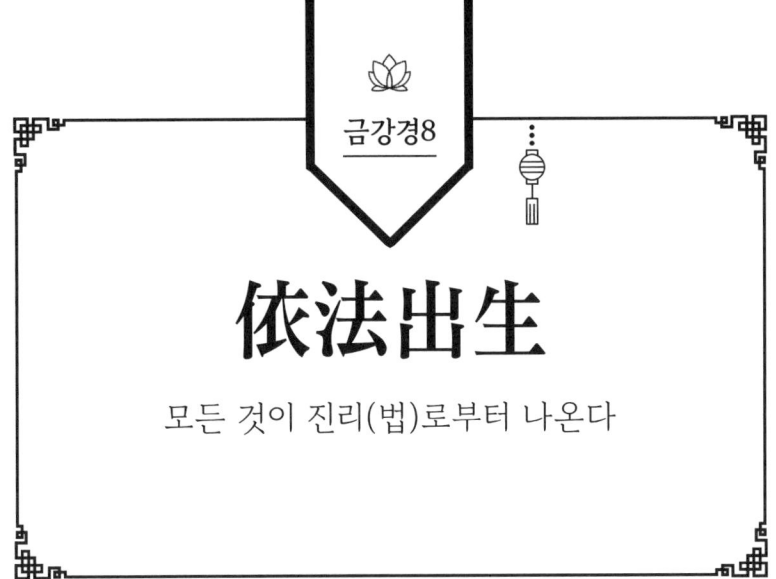

依法出生
모든 것이 진리(법)로부터 나온다

|| 부처님 왈

수보리야, 만약 어떤 사람이 삼천대천세계에 가득한 칠보로써 널리 보시했다면 얻는 복덕이 얼마나 많겠느냐.

|| 수보리

아주 많사옵니다. 이복덕은 본체적인 마음의 福德性이 아니기 때문이오니 그러므로 여래께서 많다고 말씀하신 것입니다.

|| 부처님 왈

만일 어떤 사람이 금강경의 가운데 네 글귀만이라고 받아 지니고 남을 위해 말해 주었다면, 그 복덕이 다른 복덕보다 더 뛰어나리라.
왜냐하면 모든 부처님의 아뇩다라삼먁삼보리법이 다 이 경으로부터 나오기 때문이다.
수보리야, 이른바 불법이란 곧 불법이 아니니라.

‖ 일법

모든 법은 마음으로부터 나온다.
형상의 아법은 많고 적음이 있으나,
지혜의 무아법은 많고 적음이 없다네.
금강경의 네 글귀만 수지독송하는 것은,
아뇩다라삼먁삼보리를 깨닫기에 수승하다네.

※ 일법 | 부처님이시여, 법보시가 물질보시보다 수승한 이유가 무엇입니까.

‖ 부처님 왈

법보시는 중생의 어리석음을 타파해 주고, 탐진취 삼독심을 버릴 수 있게 해주며, 일체의 모든 상에서 벗어날 수 있도록 이끌어 준다.
즉 아상 인상 중생상 수자상을 비롯하여 법상에 이르기까지 일체의 상이란 상을 다 타파해 주기 때문에 수승하다.

※ 일법 | 부처님이시여, 불법은 불법이 아닌 이유는 무엇입니까.

‖ 부처님 왈

불법이란 곧 불법이 아니다. 그러므로 불법이다.
불법에는 참 묘한 말이 많다.
마음이 있느냐 없느냐 즉 나와 무아의 차이이다.
마음은 있는 것도 아니고 없는 것도 아니니 중도요.
마음은 얻는 것도 없고 얻지 않는 것도 없으니 무득소득이요.
마음은 아는 것도 없고 알지 못할 것도 없으니 무지소견이며,
마음은 말한 것도 없고 말하지 않는 것도 없으니 무설소설이다.
마음는 참 묘한 불법이다.

마음이 아뇩다라삼먁삼보리를 깨달으면 불법이 불법이 아님을 안다.

범부가 알 수 없는 법이 불법이다.
생각은 제상이니 무엇을 알아도 상이다.
사량으로는 불법을 볼 수 없다.
상을 관조와 조견해야 불법을 본다.
쉬운 말로 분별심으로 세상을 보지 말라는 것이다.
불법은 즉비불법이니 시명불법이기 때문이다.

일법 | 부처님이시여, 여래(자연)는 불법을 설 했습니까? 설하지 않았습니까?

‖ 부처님 왈
아와 무아의 차이이다.
즉 불법에 집착하면 안 된다.
불법이라고 고정된 어떤 실체도 있지 않다는 말이다.
불법이라는 틀, 불법이라는 상까지도 타파했을 때 비로소 참된 불법이 드러난다.
불법을 불법이 아니라고 바로 알았을 때 비로소 불법은 빛을 발할 수 있다.

• 불교에는 내가 생각해도 괴상한 말이 많다.
불법을 불법이라고 하면 이것은 불법이 아니다.
불교를 불교라고 하면 불교가 아니고,
진리를 진리라고 하면 진리가 아니며,
부처라고 하면 더 이상 부처가 아니다.
불교라는 상을 세우면 이미 불교가 아니고,
진리라는 상을 세우면 이미 진리가 아니며,

부처라는 상을 세워도 이미 부처가 아니기 때문이다.
참된 불자라면 활짝 열려 있어야 한다.
그 어디에도 걸려선 안 된다.
한없이 자유로울 수 있어야 한다.
나와 무아의 차이일 뿐이다.

• 이것이 불법이고 불교이고 종교다.
　불교라는 틀에서도, 종교라는 틀에서도, 진리라는 틀에서도, 부처라는 틀에서도 자유로울 수 있을 때 비로소 진리를, 종교를, 불교를 바로 보고 믿으며 실천할 수 있는 것이다.
　불교를 버렸을 때 비로소 불교인 것이다.
　이것이 우리의 종교이다.
　이것이 우리 모두의 진리인 것이다
　이것이 세상 존재들의 보편적이고 온전한 가르침이다.
　진리는 진리가 아니고 시명진리이다.
　종교는 종교가 아니고 시명종교이다.
　불교는 불교가 아니고 시명불교이다.
　그러므로 진리이고 불교이고 종교이다.
　자연, 여래는 모든 것을 이미 말하고 있다.

일법 | 부처님이시여, 불법이 법이 아님을 볼 수 있습니까.

∥ 부처님 왈
　관수행하라.
　현실을 분별하지 않고 있는 그대로 바라보는 정견이 관수행이다.
　있는 그대로 자기만의 의식으로 분별하여 왜곡해서 바라보던 삶을 멈추고, 본래 있던 그대로를 있는 그대로 바라보는 것이다.

그것도 수행하는 것이라고 할 수는 없다. 수행 자체는 이미 상이다. 중생은 환장혀…
　그저 망상으로 해석하던 것을 하지 않으면 될 뿐, 무언가를 따로 해야 하는 것이 아니기 때문이다.
　그래서 불교의 관수행은 유위법이 아니라 무위법이라 한다.
　애써서 행하는 것이 아니라, 하되 한 바가 없이 행하는 것이다.
　참된 수행, 참된 관수행은 이처럼 하되 한 바가 없는 것이고, 그렇기에 수행이라며 방편으로 이름을 지어 놓았지만, 수행이라고 할 것도 없다.

❂ 일법 | 부처님이시여, 관수행은 어떻게 합니까?

‖ 부처님 왈
　관수행은 정좌하고 아상을 관하라는 것이다.
　관수행은 이것만이 참된 종교와 진리라는 집착을 놓아야 한다.
　참된 종교와 진리라도 어디에도 갇혀 있지 않아야 한다.
　그 틀에 갇혀 있으면 그것은 보편적인 종교와 진리가 될 수 없다.

　• 마음에 상을 취함은 아상과 무아, 사상과 비사상, 법상과 비법상, 미혹과 깨달음, 중생과 부처 등은 어떤 상에 집착한 것이다.
　아상이 모든 상에 기본이기 때문이다.
　아상이 소멸하면 모든 상이 소멸한다.
　아상이 끊어졌다는 것은 나와 전체가 둘이 아닌 하나가 되었다는 말이다.
　나를 세우지 않고 분별하지 않으니 나와 내 것인 주체가 소멸한다.
　상에서 상을 여읨이 마음 비움이다.

일법의 분별심의 게송

자연은 중생을 묘하게 만들었습니다.
중생은 자동으로 분별하게 되어있다.
분별하면 있으나 분별하지 않으면 없다.
의법출생은 분별심에 의해 법이 생겨난 것입니다.
卽非佛法 불법은 상이 만든 것이라는 것을 알면 그대는 부처입니다.

一相無相

절대의 법은 존재가 아니다

∥ 부처님 왈
　수보리야, 너는 어떻게 생각하느냐. 수다원이 생각하기를 "내가 수다원과를 얻었노라." 하겠느냐.

∥ 수보리
　아니옵니다. 세존이시여 왜냐 하오면 수다원은 이름이 성인의 흐름(聖流)에 들었다는 말이오나 실은 들어간 것이 아니옵고, 형상이나 소리, 냄새, 맛, 촉감이나 어떤 진리에 들어간 것이 아니온데 이름을 수다원이라 하였을 뿐이기 때문이옵니다.

∥ 부처님 왈
　수보리야, 너는 어떻게 생각하느냐. 사다함이 생각하기를 "내가 사다함과를 얻었노라." 하겠느냐.

∥ 수보리
　아니옵니다. 세존이시여 왜냐 하오면 사다함은 이름이 한번 갔다 온다

(一往來)는 말이오나 실은 가고 온다는 생각이 없는 것을 사다함이라 이름하였을 뿐이기 때문입니다.

‖ 부처님 왈

　수보리야, 너는 어떻게 생각하느냐. 아나함이 생각하기를 "내가 아나함과를 얻었노라." 하겠느냐.

‖ 수보리

　아니옵니다. 세존이시여 왜냐 하오면 아나함은 이름이 "오지 않는다" 말이오나 실은 오지 않는다는 생각이 없는 것을 아나함이 이름하였을 뿐이기 때문이옵니다.

‖ 부처님 왈

　수보리야, 너는 어떻게 생각하느냐. 아라한이 생각하기를 "내가 아라한도를 얻었노라." 하겠느냐.

‖ 수보리

　아니옵니다. 세존이시여 왜냐 하오면 실로 "이것이 진리라고 할 내용이 없는 것(實無有法)."을 이름하여 아라한이라 했을 뿐이기 때문이옵니다. 세존이시여 만일 아라한이 생각하기를 "내가 아라한도를 얻었노라." 하오면 이는 곧 '나라는 생각', '남이라는 생각', '중생이라는 생각', '오래 산다는 생각'에 집착하는 것이옵니다.

　• 세존이시여, 부처님께서 저를 "다툼이 없는 삼매(無諍三昧)를 얻은 사람 가운데서 제일 으뜸이라." 말씀하셨사오니, 이는 욕심을 여읜 첫째 가는 아라한이란 말씀이오니,
　세존이시여 저는 욕심을 여읜 아라한이라 생각하지 않사옵니다.

세존이시여, 제가 만약 "내가 아라한도를 얻었다."라고 생각한다면 세존께서는 곧 수보리에게 "아란나행(阿蘭那行)을 즐기는 자."라고 말씀하시지 아니하셨을 것이온데, 수보리가 실로 아란나행을 한다는 생각이 없기 때문에 수보리가 "아란나행을 좋아하는 자."라고 이름하셨사옵니다.

• 세존이여 어떤 사람이 無諍三昧에 들어간 사람입니까?

‖ 부처님 왈
진리를 얻어 욕심을 벗어난 사람, 금생에 깨친 이(道人), 배울 것이 없는 사람으로 본래 법도 모두 헛되고 헛되다는 것을 알고 즐기는 자이다.
진실한 수도인은 실제로 자신이 어느 정도의 수준이 되었는지 알려고 하지 않으며 조차도 없을 정도로 큰 자극에도 흔들리지 않은 건강한 해탈한 자로 오직 여래를 향한 마음과 도를 즐기는 자이다.

대승불교의 종지는 무쟁삼매에서 교도행으로 금강삼매다.

일법 | 부처님이시여 일상무상을 수행하는 방법을 설하여 주십시오

‖ 부처님 왈
천천히 하나씩 질문하라 정신없다.

일법 | 부처님이시여, 수다원 성인의 흐름(聖流)에 들었다는 무엇을 의미합니까.

‖ 부처님 왈
一相無相의 수행 1단계 수다원은 현상의 의미를 아는 것이다.
聖流라 함은 성인의 무리에 들어감은 색성향미촉법의 현상을 만드는 것이나 무상함을 알고 집착하지 않음이다.

본질, 자성 등 지혜를 아는 것이 아니고, 겉에 나타나는 형상이나 소리, 냄새, 맛, 촉감의 오감의 작용의 현상을 알았으나, 어떤 진리에 들어간 것은 아니다.

비유하면 즉비시명이나 저것이 사과, 배, 감, 포도등 相의 의미를 아는 것이다.

- 수행 1단계는 성류다.

육근과 육경의 접촉(경계)의 시작이 수다원이다.

수다원(현상의 작용)은 안이비설신과 색성향미촉의 제행의 과정을 통하여 식(마음)을 만들어가는 과정이다.

수다원은 제행무상이니 집착하지도 머물지도 말라.

수다원은 흐르고 있어 잡을 수 없고, 고정되지 않아 멈추지 못하고, 모양은 있으나 항상하지 못하여 제행무상이다.

수다원에는 집착하지도 머물지 않음이 성류로 상에서 상을 여의는 수행의 첫 단계이다.

※ 일법 | 부처님이시여, 사다함은 한번 갔다 온다(一住來)는 무슨 의미입니까?

‖ 부처님 왈

一相無相의 수행 2단계 사다함은 자성(지혜)을 아는 것이다.

一住來라 함은 한번 갔다 온다는 말이나 실은 가고 온다는 것이 아니고 지혜(자성, 불성, 본질)를 마음으로 알겠으나 표현할 수 없어 답답한 것(이심전심)이다.

비유하면 과일이 만들어지는 과정을 알겠으나 과일이 무슨 작용에 의해 싹이 트고 자라 열매를 맺는 과정을 모르는 것이다.

• 수행 2단계는 一住來(진리)다.

명상(진리의 흐름)에 들어감이 사다함이다.

사다함은 명상을 통하여 분별심인 아상이 조금 남아 있음을 느끼고 실체가 없는 제법무아를 통찰하는 과정이다.

업을 짓지 않고 집착하지 않으나, 완전히 업을 끊지 못해 습에 이끌려 미세한 업을 짓게 된다.

사다함은 념에서 념을 여의는 것이 수행의 두 번째 단계다.

일법 | 부처님이시여, 아나함은 이름이 오지 않는다(不來)는 무슨 의미입니까?

부처님 왈

一相無相의 수행 3단계 아나함은 자연의 이치를 아는 것이다.

不來함은 실은 오지 않는다, 생각이 없는 것으로 이름을 짓지 않는다는 말로 성류나 일왕내는 자연의 이치일 뿐이니 있는 그대로 볼 뿐 이름 짓지 않는 것이다.

비유하면 과일이라는 것도 과일이 만들어지는 과정도 중생이 이름과 과정도 분별한 것임을 아는 것이다.

• 수행 3단계는 不來다.

분별심이 없는 것이 아나함이다.

아나함은 업과 여습까지 다 태워버린 상태로 윤회가 소멸되어 무여열반 상태이다.

어떻게 무여열반의 상태를 유지하는 것이 매우 중요하다.

현상과 지혜를 관조하여 상에서 상을 여의고 념에서 념을 여의는 것을 통찰한다.

아나함은 반야바라밀을 수행하는 세 번째 단계이다.

🕉 일법 | 부처님 아라한의 實無有法은 무슨 의미입니까?

∥ 부처님 왈

一相無相의 수행 4단계 아라한은 實無有法은 즉비유법을 아는 것이다.

實無有法은 진리라고 할 내용이 없는 것으로 이름뿐이고 一相無相이라 마음이 상을 만드나 그 현상은 다음 마음에 의해 사라진다는 것이다.

이것이 실무유상이요 일상무상이요 절대의 법은 존재가 아니다.

만일 아라한 도를 얻었다고 하면 이는 곧 사상에 집착하는 것이다.

비유하자면 과일이라는 생각도 과정도 없이 맛있다 즐길 뿐이다.

• 수행 4단계는 수승한 경지다.

욕계, 색계, 무색계로부터 완전히 벗어나 해탈을 이룩한 불생의 단계가 아라한이다.

진리는 즉비진리 시명진리이다.

반야바라밀은 즉비반야바라밀 시명반야바라밀,

부처 보살은 즉비부처보살 시명부처보살,

대자유인으로 무설 무득으로 중도의 상태를 수행하는 네 번째 단계이다.

🕉 일법 | 부처님 수행의 완성단계는 언제입니까?

∥ 부처님 왈

수행의 완성은 무쟁삼매이다.

다툼은 대립이고 상이다.

중생의 다툼은 불행과 행복의 다툼이요.

중생은 생사와 열반, 무명과 깨달음, 중생과 부처, 소유와 무소유, 부와 빈곤, 사랑과 미움 등 일체 마음의 나눔으로 다툼이 일어나 번뇌하고 괴롭다.

무쟁삼매의 수행은 나태와 수행이고, 미혹과 깨달음이고, 중생과 부처 이 모든 나눔과 분별을 다 놓아 버렸을 때 깨달음의 향기가 피어난다.
중생은 무아인데 누가 누구와 다툰다는 것인가.
이것을 놔 버렸을 때 수행의 완성이다.

⚘ 일법 | 부처님이시여, 이러한 분별의 다툼은 어디서 옵니까?

‖ 부처님 왈
나라는 틀에서 온다.
나라는 틀을 안으로 만들어 놓으니,
자연스럽게 상대가 생기고 밖이 생긴다.

나가 있으니 깨달음과 못 깨달음의 나눔이 있다.
많고 적음, 빈부 등 일체 모든 분별개념은 나라는 틀 즉 아상에서 온다.
그래서 사상이라는 일체 모든 상이 깨지고 나면,
일체의 모든 분별이 타파되고,
일체의 모든 욕심과 집착이 사라지면,
그랬을 때 비로소 다툼이 없는 삼매로 곧 무쟁삼매를 얻을 수 있다.

• 무쟁삼매 경지에 오르면 깨달은 자는 없고 깨달음 행위만 존재한다.
무쟁삼매의 자리는 아란나행을 즐기고, 푹 쉬면서 분별하지도 않고, 수행할 나도 없고, 할 수행도 없어진 그저 여여한 자리이다.
수다원, 사다함, 아나함, 아라한 도를 얻었으나 도를 얻은지도 모르고 行하는 자가 진짜 깨친 사람이고 곧 부처이고 여래이다.

⚘ 일법 | 부처님이시여, 마음을 비울 수 있습니까

❙ 부처님 왈

나는 마음을 비울 수 없다.
마음이란 놈은 참 묘하여 자동적 사고가 되기에 비울 수 없다.
그러나 나는 비우지는 못해도 집착하지 않고 탐심은 없다.

• 마음은 비울 수 없어 관수행하라는 것이다.
관수행은 불법이 불법이 아니라는 것을 아는 것이다.
현실을 분별하지 않고 있는 그대로 바라보는 정견이 관수행이다.
관수행은 있는 그대로 자기만의 의식으로, 분별하여 왜곡해서 바라보던 삶을 멈추고 본래 있던 그대로를 있는 그대로 바라보는 것이다.
수행을 하는 것도 수행이라 할 수도 없다 수행 자체는 이미 상이다.
그저 망상으로 해석하던 것을 하지 않으면 될 뿐, 무언가를 따로 해야 하는 것이 아니기 때문이다.
그래서 불교의 관수행은 유위법이 아니라 무위법이라 한다.
애써서 행하는 것이 아니라, 하되 한 바가 없이 행하는 것이다.
참된 수행, 참된 관수행은 하되 한 바가 없는 것이고, 그렇기에 수행이라는 방편으로 이름을 지어 놓았지만, 수행이라고 할 것도 없다.

• 관수행은 이것만이 참된 종교와 진리라는 집착까지도 놓아야 한다.
참된 종교와 진리는 어디에도 갇혀 있지 않아야 한다.
그 틀에 갇혀 있으면 그것은 보편적인 진리가 될 수 없다.

일법의 무쟁삼매는
모두를 사랑하여 웃고 즐기는 것이요.
인류가 고통받으면 슬퍼하고 눈물 흘리며 동감하는 것이요.
사랑과 미움을 알아 감정에 따라 웃고 슬퍼하는 마음이 동하는 것이 일법의 무쟁삼매다.

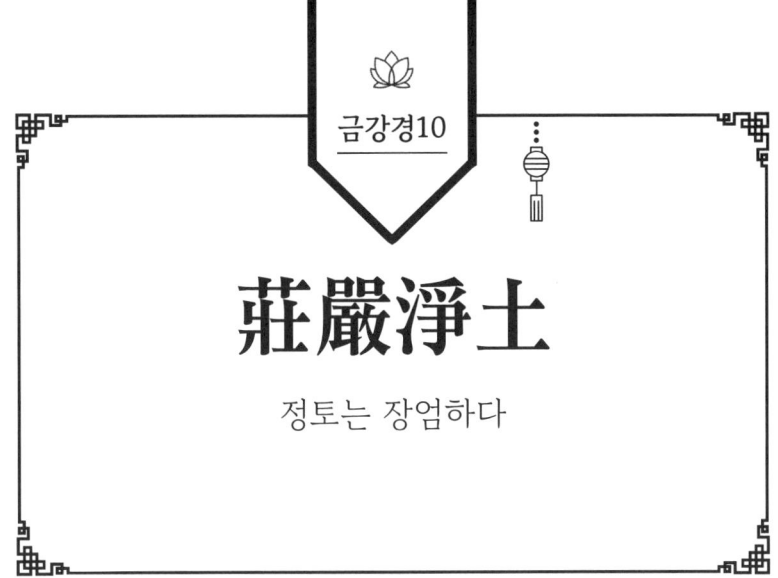

莊嚴淨土는 사구게(5, 10, 26, 32분)의 하나로 부처님이 이 지상에 오신 참뜻은 자연의 이치를 正見하여 진리를 바로 보고 머물지 말라는 것이다.

‖ 부처님 왈

여래가 옛적에 연등부처님 처소에서 어떤 진리를 얻은 바가 있었느냐.

‖ 수보리

아니옵니다.
여래께서는 연등부처님 처소에 계실 적에 어떤 진리를 얻으신 바가 없사옵니다.

‖ 부처님 왈

너는 어떻게 생각하느냐. 보살이 불국토를 장엄한다고 하겠느냐.

‖ 수보리

아니옵니다. 왜냐 하오면 보살이 불국토를 장엄한다는 것은 장엄함이 아니오며 그 이름이 장엄일 뿐이기 때문입니다.

‖ 부처님 왈
　수보리야. 모든 보살마하살은,
　마땅히 이처럼 청정한 마음을 낼지니라.
　마땅히 형상에 머물지 말고 마음을 낼 것이며,
　마땅히 색과 소리와 냄새, 맛, 부딪침과 어떤 법에 머물지 말고 마음을 낼 것이니라.

　• 수보리야 비유컨대 만일 어떤 사람의 몸이 큰 수미산 만하다면 네 생각에 어떠하냐, 그 몸이 크다고 하겠느냐?

‖ 수보리
　매우 크옵니다, 세존이시여.
　왜냐 하오면 부처님께서는 몸 아닌 것을 가리켜서 큰 몸이라 이름하셨기 때문입니다.
　이 또한 一切唯心造입니다.

※ 일법 | 부처님이시여, 장엄과 정토는 누가 만든 것입니까?

‖ 부처님 왈
　그대의 마음이다.
　형상과 법에 이름 짓지 말고 있는 그대로 보아라.

※ 일법 | 부처님이시여, 마음은 무엇입니까?

‖ 부처님 왈

　수미산이 마음의 다른 표현이다.

　참 어려운 질문이다. 있다고 하기도 그렇고 없다고 하기도 그렇다.

　중도에서는 있는 것도 아니고 없는 것도 아니라고 하고 유식에서는 있다고 한다.

※ 일법 | 부처님이시여, 마음은 있습니까?

‖ 부처님 왈

　묵언이다. 그대 마음대로 생각하게나……

　마음(장엄)은 깨달아 얻고 버리고 하는 것이 아니라 그냥 그 자리에 있는 것이다.

　자연(정토)은 그렇게 그냥 있는 것이지 장엄함은 인간의 잣대(분별심)일 뿐이다.

　중생의 마음은 항상 텅 비어 있다가 오감이 작동하면 번뇌 망상이 생긴다.

　마음은 이 세상 모든 것을 담을 수 있어 수미산만큼 크다고 한 것이다.

　그러나 좁히면 아무것도 담을 수 없는 것이 마음이다.

　진리, 지혜, 마음은 있다고 하기에 증명할 수 없고, 없다고 말하기 또한 그렇다.

　그래서 묵언을 한 것이다.

　진리, 지혜, 마음은 중생이 만든 이름이다.

　마음에 대하여 포괄적으로 설한 것이다.

　자연은 항상 그렇게 있고 형상 속에 이치가 있다.

　형상과 이치는 마음이 만든다.

　중생들은 이것이 일체유심조라고 한다.

🦋 일법 | 부처님이시여, 마음을 어떻게 내야 합니까?

| 부처님 왈
應無所住 離生起心 머무는 바 없이 마음을 낼 것이다.
중생의 마음은 자동적 사고라 마음을 낼 수밖에 없다.
그러나 머무는 바 없이 마음을 내야 한다.
마음은 머무를 수 없는데 중생은 어리석게 그것에 끄달린다.
머무는 바 없는 마음을 내기 위해서는 어떤 대상도 분별하거나 차별하지 말아야 한다.

• 비유로 온갖 만물의 나무는 크고 작다, 어떤 꽃은 예쁘고 덜 아름답다가 없다.
그렇다.
이 세상의 일체 모든 형상과 소리, 냄새, 맛, 감촉, 대상은 모두 無分別, 無差別이다.
인간들의 의식에서 분별과 차별을 일으키는 것일 뿐이지, 이 세상에는 본래부터 나눔이란 없다.

🦋 일법 | 부처님이시여, 마음은 어떻게 생긴 것입니까?

| 부처님 왈
청정한 마음과 세계가 상호작용하여, 마음(사고, 생각)이 형상을 분별하여 분석하고 평가하여 이분법으로 판단하는 모든 과정이 중생의 마음(사고, 생각)이다.
마음은 그냥 생기지 않고 습과 대상이 있어야 마음이 생긴다.
그런데 마음은 이상한 것으로 자동적 사고로 생겼다가 금방 사라진다.
그 작용이 5온(蘊), 12처(處), 18계(界)의 작동에 의해 생긴 일체법이 마음이다.

- 一切法이란 '일체의 존재'를 5온(蘊), 12처(處), 18계(界)의 마음의 표현이다.

불교가 목표로 하는 것은 오직 한가지 뿐이다. 인간 문제의 해결, 구체적으로 말하면 인간 고(苦)의 해결이다. 그런데 불교 경전에서는 인간 문제와 직접적인 관계가 없어 보이는 일체법에 대해서도 여러 가지 가르침을 펴고 있다. 이것은 불교가 자연과학이나 철학적인 문제를 해결하기 위해서가 아니라 인간의 문제가 일체법과 밀접한 관계가 있기 때문에 그것을 이해함으로써 인간의 문제를 보다 효과적으로 풀기 위해서이다.

초기 경전에 나오고 있는 일체법의 분류 방법 가운데서 가장 일반적이고 구체적인 것은 5온, 12처, 18계이다.

정신에 대해 잘못 이해하고 있는 사람을 위해서는 5온을, 그리고 물질을 잘못 이해하고 있는 사람을 위해서는 12처를, 또 정신과 물질 모두에 대해 잘못 이해하고 있는 사람을 위해서는 18계를 설해서 물질과 정신이 모두 실체가 아니라는 것을 설명하고 있다.

§ 일법 | 부처님이시여, 마음의 형성과정인 五蘊에 대하여 설하여 주십시오.

‖ 부처님 왈

五蘊은 우리가 생각하는 '나의 존재'라 5개 요소로 이루어진 색, 수, 상, 행, 식이다. (蘊쌓다, 모으다)

불교에서는 어떤 것이나 단독으로 생겨난 것은 없다. 모든 것은 무엇과 무엇이 인연에 의해 쌓이거나 모여서 이루어지는 연기법이라는 것이다.

오온은 물질적인 것과 정신적인 것으로 이루어져 있다. 5온 가운데서 색온(色蘊)은 물질 전체를 말하는 것이고, 수온(受蘊), 상온(想蘊), 행온(行蘊), 식온(識蘊) 4온은 정신 일반을 가리키는 것이다.

五蘊은 사람은 몸과 마음이 모였고, 色은 나를 포함한 만물은 몸은 뼈와 살이 모였고, 그 살은 과학적으로 말하면 단백질과 물, 그 물은 산소와 수소의 모임이다.

마음은 受, 想, 行, 識은 모두 萬物과 접해서 일어나는 마음의 변화를 설명한 것이 오온이다.

일체법은 이처럼 5개의 요소가 결합해서 항상 변하면서 존재하는 것으로서 어디에도 실체가 없다. 결국 일체법은 실체가 없어 무상이고 무아이다.

5온을 설하는 대상은 물질은 끊임없이 변하는 것으로서 무상하다는 것을 이해하지만 정신은 실체적인 것으로서 영원하다고 믿는 사람이 있다. 그래서 5온 이론에서는 정신적인 것도 실체적인 것이 아니라는 것을 이해하기 위해서 물질보다는 정신에 관한 설명을 훨씬 더 상세하게 하고 있다.

그리고 이 五蘊이 모두 空이라 함은, 萬物도 또한 만물과 접하며 일어나는 인간 마음의 活動도 모두 "空"이라는 것을 뜻한다.

사람들은 空을 실상으로 잘못 인식하고 있다. 그러므로 육체와 마음의 상태에 따라서 즐거워하고 슬퍼하고 번민하고 초조해하는 것입니다. 그러나 이것이 모두 실상이 아니라 空이라는 것을 알게 되면, 그때 비로소 사람은 모든 고뇌, 번민에서 벗어날 수 있다.

일법 | 부처님이시여, 마음의 형성과정인 十二處에 대하여 설하여 주십시오.

부처님 왈

十二處(ayatana)란 눈[眼根], 귀[耳根], 코[鼻根], 혀[舌根], 몸[身根], 마음[意根] 6개의 감각기관[6根]과 그것에 상응하는 6개의 대상, 즉 빛깔과 형태[色境], 소리[聲境], 냄새[香境], 맛[味境], 닿을 수 있는 것[觸境], 생각[法境]을 합친 것이다.

보는 작용은 눈을 통해서 이루어지고, 듣는 작용은 귀를 통해서, 냄새 맡는 것은 코를 통해서, 맛보는 것은 혀를 통해서, 감촉은 몸(몸의 각 부위에 있는 피부)을 통해서, 생각은 마음[意]을 통해서 이루어진다.

　이들 눈, 귀, 코, 혀, 몸, 마음[眼耳鼻舌身意]을 6개의 기관이라는 의미에서 6근(根)이라 부르고, 6내처(六內處)라고도 한다.

　6근의 근은 기관(器官)이라는 의미 이외에, 기관이 가지고 있는 기능까지를 포함한다. 안근이라고 해서 안구만을 가리키는 것이 아니라 볼 수 있는 눈의 기능까지 포함한다.

　6근에서 제6의 의근(意根)은 기능만 존재하지 실제로 구체적인 기관은 없다. 그러나 여기에서 의식(意識)이 생기므로 일종의 기관임에는 틀림없다.

　6근에 상응하는 바깥 세계의 대상, 즉 빛깔과 형태, 소리, 냄새, 맛, 닿을 수 있는 것, 생각[色聲香味觸法]을 6경(六境)이라 부르고, 6외처(六外處)라고도 한다.

　정신작용이 일어나기 위해서는 반드시 감각기관과 거기에 상응하는 대상이 만나야 한다.

　즉 눈에는 빛깔, 또는 형태가, 귀에는 소리가, 코에는 냄새가, 혀에는 맛이, 몸(피부)에는 접촉할 수 있는 것이, 마음[意根]에는 생각[法]이 만나야 한다. 여기에서 법을 '생각'이라고 말했지만 좀 더 정확하게 말한다면, 마음으로 생각할 수 있는 모든 것을 말한다. 12처 가운데서 '11처(處)에 포함되지 않는 모든 현상'이다.

- 12처란 다시 말해서 6근과 6경, 즉 6내처와 6외처를 합친 것으로서 다음과 같이 표시할 수 있다.

　　　6근(내처)　　　　**6경(외처)**
　　1) 안처(眼處) ---- 7) 색처(色處)
　　2) 이처(耳處) ---- 8) 성처(聲處)
　　3) 비처(鼻處) ---- 9) 향처(香處)

4) 설처(舌處) ---- 10) 미처(味處)

5) 신처(身處) ---- 11) 촉처(觸處)

6) 의처(意處) ---- 12) 법처(法處)

이 우주에 존재하는 존재의 수는 셀 수 없이 많다. 그러나 이것을 요약해서 분류하면 주관계(主觀界)와 객관계(客觀界)로 나눌 수 있다.

주관계를 구성하는 요소가 6근[6내처]이고, 또 객관계를 이루고 있는 요소가 6경[6외처]으로서 이것을 합친 것이 12처이다. 이와 같은 분류 방법은 일체 존재의 주체인 인간의 인식능력을 중심으로 구분해서 체계화한 것이다.

일체법에서 12처를 논하는 근본 목적은 역시 제법 무아의 진리를 밝히는 데 있다. 특히 이것은 물질에 대해 잘못 이해하고 물질이 실체라고 생각하거나, 물질 가운데 실체적인 것이 있다고 생각하는 사람에게 실제로는 그렇지 않다는 것을 이해시키기 위해서 설해진다.

일체 존재를 구성하고 있는 12종의 요소에는 고정불변하는 것은 아무것도 없다는 것을 보여 주는 것이다. 이 12처에 의해서 주관계와 객관계를 모두 포섭하고, 이 모든 것들은 무상이고 무아라고 하는 것이다. 12처는 중근기(中根機), 즉 법을 이해하는 능력에 있어서 중간 수준에 속하는 사람을 위한 가르침이다.

일법 | 부처님이시여, 마음의 형성과정인 18계(十八界) 대하여 설하여 주십시오.

| 부처님 왈

十八界는 dhatu를 번역한 말로서, 구성요소, 또는 영역, 종류의 뜻이다. 18계란 12처 즉 6근과 6경에 6식(識)을 합친 것이다. 18계의 분류 방법은 '근·경·식(根·境·識)'의 3사화합(三事和合)이라는 원리에서 나온 것이다.

무엇을 인식하기 위해서는 반드시 인식 기능을 가지고 있는 기관[根]과 인식의 대상[境]과 인식작용[識]의 3가지 요소인 삼위일체가 필요하다.

눈을 통해서 빛깔이나 형상을 보기 때문에 그것을 식별하는 작용이 일어나게 된다. 그것을 안식(眼識)이라 한다. 귀로서 소리를 듣기 때문에 이식(耳識)이, 코로서 냄새를 맡기 때문에 비식(鼻識)이, 몸으로 무엇을 접촉하기 때문에 신식(身識)이, 마음으로 무엇을 생각하기 때문에 의식(意識)이 일어나게 되는 것이다. 이것이 6식(識)이다.

이것을 아함경에서는[手聲喩經] 손뼉 소리의 비유로 설명하고 있다. 즉 "비유하면, 두 손이 서로 마주쳐 소리를 내는 것과 같다. 이처럼 눈과 빛깔을 인연하여 안식이 생긴다. 나머지 5識도 마찬가지다." 이 비유에서 한 손은 기관[根]과 같은 것이고 다른 한 손은 대상[境]과 같은 것이다. 그리고 손뼉 소리는 식(識)과 같다.

- 18계의 상호 관계를 표시해 보면 다음과 같이 된다.

6근	6경	6식
1) 안계(眼界)	7) 색계(色界)	13) 안식계(眼識界)
2) 이계(耳界)	8) 성계(聲界)	14) 이식계(耳識界)
3) 비계(鼻界)	9) 향계(香界)	15) 비식계(鼻識界)
4) 설계(舌界)	10) 미계(味界)	16) 설식계(舌識界)
5) 신계(身界)	11) 촉계(觸界)	17) 신식계(身識界)
6) 의계(意界)	12) 법계(法界)	18) 의식계(意識界)

18계설에서는 일체의 존재를 이와 같은 18계의 요소로 분류했다. 이때는 12처의 경우와는 달리 6근과 6경을 합쳐서 객관계로 보고, 6식을 주관계로 보았다.

18계에서는 일체 존재를 12처에서 보다 상세하게 분류한 것이다. 12처를 설명할 때 보았듯이 일체를 구성하고 있는 12가지 요소 모두 실체가 없는 것이다.

그렇다면 그와 같은 요소들이 만나서 생기게 된 식(識) 역시 실체적인 것일 수는 없다. 객관세계의 모든 것, 즉 물질적인 것도 실체가 없는 것이지만, 주관세계의 모든 것, 즉 정신적인 것도 실체가 없는 것임에 틀림없다.

비유에서처럼 손뼉 소리를 낼 수 있는 두 손바닥도 실체(實體)적인 것이 아니지만, 실체적이 아닌 그 두 손바닥이 마주쳐서 일으킨 소리 역시 실체적이 아닌 것은 명백하다.

결국 18계에서 말하고자 하는 것은, 일체법은 물질적인 것에서도, 그리고 정신적인 것에서도 변하지 않고 영원한 것은 없다는 것이다.

18계를 설할 대상자는 물질과 정신에 모두 어두운 사람이다. 이와 같은 사람은 물질적인 것과 정신적인 것 모두를 실체적이고 영원하다고 믿는 것이다.

18계 설은 이와 같은 사람을 위해 물질과 정신의 참모습을 보여줌으로써 그것에 대한 집착을 끊도록 하기 위한 것이다. 18계 설은 하근기(下根機), 즉 법을 이해하는 능력이 가장 낮은 사람을 위한 가르침이다.

출처 https://studybuddha.tistory.com/entry/一切法-5蘊, 12처處, 18계界 [불교용어 사전: 티스토리]

❋ 일법 | 부처님이시여, 마음이 생기면 어떠한 일이 생긴 것입니까?

| 부처님 왈

마음에 108번뇌가 생긴다.
108번뇌는 우리는 안이비설신의의 육근이 색성향미촉법의 6경을 대하면
  1) 좋다(好)
  2) 나쁘다(惡)
  3) 좋지도 나쁘지도 않다(平)는 세 가지 감각을 느끼다
그리고 여기서 다시

(1) 좋은 데서는 즐거움을 느끼고(樂受)
(2) 나쁜 데서는 괴로움을 느끼며(苦受)
(3) 좋지도 나쁘지도 않은 데서는 즐겁지도 괴롭지도 않은 감정을 느낀다 (不樂不苦受).

우리는 6근은 여섯 가지씩의 감정을 느끼기 때문에 36이 된다. 이 36은 과거도 있고, 현재에도 있고, 미래도 있다. 그래서 36이 셋이 되니까 108번뇌가 된다.

일법 | 부처님이시여 번뇌의 원인은 무엇입니까?

부처님 왈

예를 들자면 "어느 날 한 남자가 개에게 돌을 던졌는데, 고통을 느낀 개는 돌을 향해 짖어대는 것이었다. 그 개는 그 고통의 원인이 돌이 아니라 그 남자에게 있음을 이해하지 못한 것이다."

"우리는 형태, 소리, 냄새, 맛, 그리고 감촉 등이 우리에게 고통을 주는 근원이라고 생각하며, 그 고통을 극복하기 위해 형태, 소리, 냄새, 맛, 감촉을 모두 없애 버려야 한다고 생각한다. 결국 우리는 고통의 본질이 형태, 소리, 냄새, 맛, 감촉은 전도몽상에서 비롯한다는 것을 깨닫지 못하고 있다."라고 하면서 실체를 깨닫고 사물을 깊이 바라보는 존재가 되기를 석가모니는 가르치고 있다.

선과 악, 옳고 그름, 행복과 불행에 대한 분별은 인간만이 지니고 있다.

구름이 떠가고, 꽃이 피고, 바람이 부는 것에 선과 악의 이분법적 잣대를 인간이 댈 수는 없지 않은가 하는 것이다.

- 번뇌가 생기는 것도 여섯 감각기관이요 번뇌를 풀어 열반에 이르는 것도 여섯 감각기관이다.

색(육경: 색성향미촉법)은 눈(육감: 안이비설신의)과 인연을 통하여(만

나) 관찰하고 분석하고 분별하여 번뇌(108번뇌)를 만든 것이 식(18계: 경계)이다.

⚜ 일법 | 부처님이시여, 열반은 무엇입니까?

‖ 부처님 왈

　열반이라, 열반에 이르는 길을 보지 않고 느끼지 않고 알지 않으면 안 된다.
　열반, 열반하면서도 열반을 알지 못하면 이것은 바보이지 부처는 아니며 진여의 길은 아니다.
　공중무색 무수상행식 "모든 색은 공(진여)으로 생각하는 자체가 무라는 것을 아는 것이요, 공의 입장은 실체가 없다는 것이다."
　즉 색은 재행무상으로 실체가 없다는 것을 아는 것에서부터 열반이 시작하는 것이다.

　• 번뇌 해탈은 18계가 없으니 108번뇌는 존재하지 않는다. 그러므로 우리 인간의 번뇌는 존재하지 않는다. 그러나 우리의 인식으로 미혹에 빠지면 그때에는 108번뇌뿐만 아니라 이루 헤아릴 수 없는 8만 4천 번뇌가 일어나게 된다.
　그러므로 불생불멸의 세계에 도달해야 한다.
　반야바라밀을 성취해야 한다.
　이렇게 될 때 18계에 있으면서 18계를 초월한다.
　이것이 바로 수도이고 해탈이다.
　아뇩다라삼막삼보리요 열반이다.

⚜ 일법 | 부처님이시여, 번뇌망상에서 해탈하는 방법이 무엇입니까?

‖ 부처님 왈

간단하다. 함이 없이 행이요, 머무르지 않는 마음이다.
반야심경의 공 함과 무에서 잘 나타나 있다.

舍利子 是諸法空相 不生不滅 不垢不淨 不增不減

是故空中無色 無受想行識 無眼耳鼻舌身意 無色聲香味觸法

無眼界 乃至無意識界 無無明 亦無無明盡 乃至 無老死 亦無老死盡 無苦集滅道 無智亦無得 以無所得故

菩提薩埵 依般若波羅密多故

心無罣礙 無罣礙故 無有恐怖 遠離顚倒夢想 究竟涅槃

三世諸佛 依般若多羅密多故

得阿耨多羅三藐三菩提

이 모든 법이 공한 상은 나지도 않고, 없어지지도 않으며, 더럽지도 않고, 깨끗하지도 않으며, 늘지도 않고, 줄지도 않느니라.

이 까닭에 공 가운데는 색이 없으며, 수상행식도 없으며, 안이비설신의도 없으며, 색성향미촉법도 없으며, 안계도 없으며, 내지 의식계까지도 없으며, 무명도 없으며, 또한 무명이 다함도 없으며, 내지 노사까지도 없으며, 또한 노사가 다함도 없으며, 고집멸도도 없으며, 지혜도 없고, 또한 얻음도 없느니라.

얻은 바가 없으므로 보리살타가 반야바라밀다에 의지하는 고로 마음에 걸림이 없으므로 공포가 없으며, 전도몽상을 멀리 여의고 구경열반하며, 삼세제불도 반야바라밀다에 의지하는 고로 아뇩다라삼먁삼보리를 얻느니라.

• 보살의 해탈의 경지는 나를 버리고 무색이 경지에 오르는 것이 자유인으로 공의 인생관 공의 세계관의 공관의 완성이다.

공관의 완성은 무안을 성명할 수 있어야 한다.

예화 장미꽃 나무에 장미꽃이 핀다.

그렇다, 이렇다 할 不可思議가 없는데도 자신의 소유라고 하는 생각을 없애버렸을 때, 비로소 바르게 보고 듣고 할 수 있게 되는 것이다.
  "無" 즉 없는 것으로 하고 난 다음에야 비로소 바르게 보고 듣고 이야기하고 생각할 수 있게 되는 것입니다.
  눈이 아무리 아름다운 것을 보아도 그저 곱다고 보고 그 이상으로 사로잡히지 않는 자유의 눈이 무안이다. 즉 번뇌가 없는 상태이다.

일법의 게송 "열반"

공의 눈으로 보는 것이 해탈이요,
진리를 보는 것이 진여이고,
눈 속에서 봄의 싹을 보는 것이 열반이다.
인생은 덧없고 역사는 흐른다.

금강경10-1

莊嚴淨土

정토를 장엄하다

❋ 일법 | 부처님이시여, 唯識은 무엇입니까?

| 부처님 왈
마음(식)이 만들어지는 모든 과정이다.
유식은 세친스님께서 설파한 것이니 스님을 초청하여 듣도록 합시다.

❋ 부처님 왈 | 세친스님 유식에 대하여 자세히 설하여 주십시오.

| 세친스님 왈
초청하여 주셔서 감사합니다.
  일체법은 心識의 표현으로 실재한 것은 오직 識(마음)뿐이라는 것이 저의 주장입니다.

• 유식이란,
  아뢰야식(8식, 이숙, 종자, 훈습)은 말나식과 육식의 생각을 저장하고 다시 말나식과 육식에 재분배의 과정의 통로가 제8식이다.

말나식(7식, 화합)은 6식의 새로운 형상과 8식에 이숙된 기억을 재분배받아 조합하여 분별, 분석, 판단하여 마음을 오염(전도몽상)시켜 다시 아뢰야로 보내는 것이 7식이다.

육식은 청정한 마음과 형상을 있는 그대로 받아들여 색과 명을 정하여 아뢰야식과 말라식에게 보내는 것이 6식이다.

이것을 탁색(濁色)에서 정색(淨色)의 변화이다. 이런 작용이 다 끊어져 본래 하나의 마음으로 돌아가는 것을 유식이라 합니다.

• 말나로 의해서 오염(전도몽상)된 것을 6식(색과 명)의 작용이 과거의 기억에 의해서 각각의 경계에서 대상을 잘못하여 인식하고 있지만,

과거의 기억을 정화하여 말나의 작용에 영향을 받지 않게 되면 아뢰야식이 무분별지의 지혜가 되어서 6식의 작용은 그냥 그 자체의 기능만을 하고 색만을 받아들이게 되는 것이다. 이것이 오직 유식으로 분별심의 오락가락이다.

• 서양의 심리학자들은 유식을 자동적사고라 한다.

무의식(아뢰야식)은 의식(중심사고, 육식)을 전의식(핵심사고, 말라식)에 의해 고착(집착, 도식)되어 자동적 사고가 반복적으로(번뇌, 왜곡) 행해져 다시 무의식(아뢰야식)으로 저장된다.

번뇌를 지혜로 바꾸는 것은 육식(중심사고)에서 변화(깨달음)하여 말나(핵심사고)가 바뀌어 야뢰야식으로 저장하는 것이다.

◈ 부처님 왈 | 유식이 너무 어렵습니다. 다른 방법으로 설하여 주십시오.

‖ 세친스님 왈

내가 생각해도 후세의 중생이 알아 듣고 이해할까 의문입니다.

유식학에서 식이란 心·意·識을 의미합니다.

그러면 역으로 자세히 설하겠습니다.

• 전오식은 단순한 감각작용(청정한 마음)이 외계를 인식하는 작용으로 나타났을 때에 1식色, 2식聲, 3식香, 4식味, 5식觸을 마음에 알려줄 뿐 영구적이지 못하고 자세히 살펴 사량하지 못하는 것이 전오식이다.

비유하면 각종 꽃을 보면서 형상을 인식하는 것이 전오식입니다.

• 제육식(意識)은 전오식을 토대로 지나간 잠재의식으로 되돌려(再生) 의지하지 않고 단지 그것들의 종합된 경험에 의해서 비교, 추리, 추억 등의 작용을 하는 인식작용은 사량하는 일을 하지만 영구적이지 못하다. (육감)

6식 識은 눈으로 보는 의식인 眼識, 耳識, 鼻識, 舌識, 身識, 생각하는 意識을 관장하는 여섯 가지 의식이 육식이다.

즉 말나식을 근거로 여러 가지 대상을 인식하여 마치 마음 밖에 실체가 있는 듯이 인식하여 일체의 만물이 공간적으로 엄연히 존재한다고 생각한다. (의문: 분별심을 사량한다.)

비유하면

이 형상(꽃)을 처음 보는가, 무슨 꽃이지, 아하 장미였지, 색깔은 여러 가지였고, 냄새는 좋았지, 이렇게 비교하고 추리하며 추억하는 인식의 사량시작이 육식입니다.

• 제칠식의 意는 말나식(末那識)은 저장식의 아뢰야식의 영향과 육식(안·이·비·설·신·의)이 작용하여 사고하고 분별하여 분석하고 판단하여 사량하는 것이 말나식이다.

말나식은 思量意識을 의미하며 이것과 저것을 분별하고 재는 염오의식을 말한다. 제8식에 의지하여 그 主觀(見分)을 대상(所緣)으로 이것이다, 저것이다 인식하는 작용을 일으킨다. 말나식은 사량을 끊임없이 영구적으로 행한다.

즉 말나식을 근거로 여러 가지 대상을 인식하여 마치 마음 밖에 실체가 있는 듯이 인식하여 일체의 만물이 공간적으로 엄연히 존재한다고 생각한다. (의문: 분별심을 사량.)

그러고는 외계의 사물(法)과 그것을 인식하는 자아(我)가 실재한다는 迷惑을 낳는다(전도몽상). 이로 말미암아 악업을 쌓고, 잘못된 인생관과 세계관 업을 쌓게 된다. 법과 아가 허상임을 알고 버리면 깨달음의 세계에 도달한다.

비유하면 이것은 장미로 오월의 여왕, 색깔은 여러 가지요, 가시가 있고, 냄새가 좋다 등 판단하고 고정지어 아뢰야식에 사량한다.

• 제팔식의 心은 아뢰야식은 간직한다는 뜻으로 말나식의 작용과 6식의 작용을 담는 이숙식(저장식)이 아뢰야식이다.

이숙식은 선, 악의 업(종자)으로 말미암아 선도 아니고 악도 아닌 無記의 果을 얻어 사량한다.

원인과 경과에는 관계가 없이 사량한다.

• 깨달은 자의 마음의 관점에서는 청정한 식의 무분별한 흐름만이 있을 뿐이다. 식은 실제로 다른 부분들로 분할되지 않는다. 분할된다는 것은 깨닫지 못한 사람의 관점에서 말하는 방식일 뿐이다. 그러므로 주관과 객관은 없다. 주관과 객관이라는 바로 그 개념이 이분법이고 잘못된 표상이다.

예, 붓다는 망상이 없지만 항상 무분별지를 향유한다.

세친스님 다른 관점에서 설하여 주십시오.

| 세친스님 왈

아뢰야식은 사량분별을 일삼고 선악을 나누고 시비를 분별하고 我와 나의 것(我所)이라고 집착하여 아뢰야식의 心의 본체를 더럽게 물들이는 염오의 말나식을 담고 있으나 6식이 깨달으면 말나가 사량하는 작용을 되돌리면 바로 분별의 작용이 무분별하게 되어 청정한 식으로 바뀌게 된다. 그래서 곧바로 대상이 평등하게 인식하면 바로 아뢰야의 기능은 염오를 담는 저장식의 역할을 하는 것이 아니라 지혜의 빛만 담는 그릇 역할을 하게 된다.

- 말나는 미오의 상태로 아뢰야식의 무지의 업식을 부여잡는 마음의 작용이 말라식이다.
- 육식은 아뢰야식을 다섯 가지 감각기관과 의식으로 분별 작용하는 것으로 아뢰야식은 분별에 의해 이루어진 망식 즉 말나의 모든 작용을 담아서 다시 전초적인 역할을 하게 되는데 그것이 바로 육식의 작용이다.

그것은 형상을 있는 대로 보라는 것이다.

일법 | 부처님 유식의 마음이 있고 없고 차이는 무엇입니까?

| 부처님 왈

말나식과 육식의 차이이다.
반야심경의 是諸法空相 不生不滅 不垢不淨 不增不減 잘 표현되어 있다.
마음이 있을 때는 생사윤회가 있고 없을 때는 불생불멸이다.
마음이 있을 때는 더럽고 깨끗한 것이 있고 없을 때는 불구부정이다.
마음이 있을 때는 크고 작고, 줄고 불어나는 것이 있으나 없을 때는 부증불감이다.
- 마음이 생김(분별심)으로 인하여 고집멸도가 생긴다.

일법 | 부처님이시여, 불교의 진정한 목적은 무엇입니까?

| 부처님 왈

윤회로부터 해탈이 아니라 니르바나(열반, 깨달음)를 성취하는 데 있다. 이것은 누구나 인정하는 공지사항이다. 열반과의 합일을 가로막고 있는 존재는 번뇌이다. 번뇌는 무지(無知=無明)로부터 발생한다.
즉 현명하지 못하고, 머리가 둔하고 뭘 몰라, 반야 지혜가 없기 때문이다.
12연기로 때로는 생멸 변화하는 세계와 인생의 모든 현상을 설명하기도 한다. 그러나 이 교리의 근본 목적은 인생의 근원적인 문제인 '고(苦)'가 어떻게 해서 생겨나고, 또 어떻게 해서 사라지는가를 밝히는 것이다.

일법 | 부처님이시여, 십이연기(十二緣起)란 무엇입니까?

| 부처님 왈

십이연기(十二緣起)란 무명(無明), 행(行), 식(識), 명색(名色), 육입(六入), 촉(觸), 수(受), 애(愛), 취(取), 유(有), 생(生), 노사(老死)이다.
인간은 이상과 같이 12가지 과정을 거치면서 태어났다가 죽기를 반복하는 인과관계를 '윤회'라고 하며 생성과 소멸의 마음을 형성하는 과정이다.
우리의 고뇌가 이상과 같이 12가지 과정을 거치면서 반복되고 있는 모습을 고찰한 것이다.

일법 | 부처님이시여, 12연기의 발생과정과 소멸과정을 설하여 주십시오.

| 부처님 왈

順觀으로 발생과정이다.
무명에 의하여 행이 있고, 행에 의하여 식이 있고, 식에 의하여 명색이 있고, 명색에 의하여 육입이 있고, 육입에 의하여 촉이 있고, 촉에 의하여 수가 있고, 수에 의하여 애가 있고, 애에 의하여 취가 있고, 취에 의하여 유가 있고, 유에 의하여 생이 있고, 생에 의하여 老死憂悲苦惱가 있다.
• 逆觀으로 소멸과정이다.
무명이 없으면 행이 없고, 행이 없으면 식이 없고, 식이 없으면 명색이 없고, 명색이 없으면 육입이 없고, 육입이 없으면 촉이 없고, 촉이 없으면 수가 없고, 수가 없으면 애가 없고, 애가 없으면 취가 없고, 취가 없으면 유가 없고, 유가 없으면 생이 없고, 생이 없으면 노사우비고뇌가 없다.

🕉 일법 | 부처님이시여, 十二緣起를 구체적으로 설하여 주십시오.

∥ 부처님 왈
12연기를 하나씩 말하겠다.

1) 無明(avidya): 무명이란 글자 그대로 '無明은 밝은 智慧가 없다.'라는 말이다. 올바른 법[正法], 즉 진리에 대한 무지 어리석음을 가리킨다. 구체적으로는 연기의 이치에 대한 무지이고, 사성제(四聖諦)에 대한 무지이다. 고(苦)는 진리에 대한 무지 때문에 생기므로, 무명은 모든 고를 일으키는 근본 원인이다.

2) 行(samskara): 행은 무명을 조건으로 해서 행이 있다. 행이란 행위, 즉 業(karman)을 가리킨다. 행에는 몸으로 짓는 신행(身行=身業)과 언어로 짓는 구행(口行=口業)과 마음으로 짓는 의행(意行=意業)등 3행이 있다. 행(行=業)은 진리에 대한 무지, 즉 무명 때문에 짓게 되고, 그것을 지은 존재의 내부에 반드시 잠재적인 힘[潛在力]의 형태로 남게 된다.

3) 識(vijnana): 식은 행(行)을 조건으로 해서 식이 있다. 식은 인식작용으로서, 안식(眼識), 이식(耳識), 비식(鼻識), 설식(舌識), 신식(身識), 의식(意識) 6식이 있다. 식이란 표면적인 의식(육체)뿐 아니라 잠재의식의 업식(영혼, 무의식)도 포함한다. 꽃을 볼 경우 꽃이라는 인식이 일어나게 되는 것은 전에 꽃을 본 경험이 잠재의식 상태로 남아 있기 때문에 가능하다. "꽃을 보았다."라는 '과거의 경험'은 과거의 행(위)이다. 따라서 과거의 행(行)이 없다면 현재의 인식 작용이 일어날 수 없다. 그래서 "행을 조건으로 해서 식이 있다."라고 하는 것이다.

4) 명색(名色: namarupa)은 식(識)을 조건으로 해서 명색이 있다. 명(名:

nama)이란 정신적인 것 수상 행식의 4온을, 그리고 색(色: rupa)이란 물질적인 육체를 가리킨다. 오온은 정신적인 것과 물질적인 것은 모두 새로운 생명체의 인식 대상이다. 식이 발생하기 위해서는 인식의 대상이 있어야 한다. 그런데 여기서는 "명색[對象=境]을 조건으로 해서 식이 있다."라고 하지 않고, "식을 조건으로 해서 명색이 있다."라고 되어 있다. 이 관계에 대해서는, 다음 항인 6입(六入)과 함께 설명하지 않으면 안 된다.

5) 6입(六入, 또는 六處: sadayatana)은 명색을 조건으로 해서 6입(入)이 있다. 6입이란 눈(眼), 귀(耳), 코(鼻), 혀(舌), 몸(身), 마음(意)의 6가지의 감각기관, 즉 6근(根)이다. 이것은 인식 기관이다. "명색을 조건으로 해서 6입이 있다."라는 것을 좀 더 풀이해서 말하면 "인식의 대상[境]인 명색을 조건으로 해서 인식의 기관[根]인 육입이 있다."라는 말이 된다. 그런데 이것이 어떻게 가능한가. 여기에서 식, 명색, 6입 등 3항목[三支]은, 시간상 선후의 관계로 보지 말고 동시적인 것으로 보아야 한다. 식이 발생하기 위해서는 그 대상인 명색과 그것을 인식할 수 있는 기관인 6입이 동시에 있어야 한다. 그러나 위에서 본 것처럼, 식이 행과 밀접한 관계이기 때문에 식을 행 다음에 놓은 것이다.

6) 촉(觸: sparsa)은 6입을 조건으로 해서 촉이 있다. 촉이란 지각(知覺)을 일으키는 일종의 '심적(心的)인 힘'이다. 촉에도 눈, 귀, 코, 혀, 몸, 마음 6개의 감각기관에 의한 6촉(六觸)이 있다. 촉은 6입에 의해서 생긴다고 되어 있지만 좀 더 정확하게 말한다면 6입만 의해서가 아니고 식(識), 명색(境), 6입(根) 3요소가 함께함으로써 발생한다. 그래서 수성유경(手聲喩經)에서는 "根·境·識 3요소가 모여서 촉을 만든다(三事和合成觸)."라고 하는 것이다.

7) 수(受: vedana)는 촉을 조건으로 해서 수(受)가 있다. 수란 즐거운 감

정[樂受], 괴로운 감정[苦受], 즐거움도 괴로움도 아닌 감정[不苦不樂受]과 그 감수(感受) 작용을 말한다. 감각기관[根]과, 그 대상[境], 그리고 인식작용[識] 3요소가 만날 때 거기에서 지각(知覺)을 일으키는 '심적인 힘[觸]'이 생기게 되고, 다음 수가 발생하게 된다. 그러므로 "수는 촉을 조건으로 해서 있다."라고 하는 것이다.

8) 애(愛: trisna)는 수를 조건으로 해서 애가 있다. 애란 갈애(渴愛)로서 욕망을 말한다. 좋아하는 것을 만나거나 싫어하는 것을 만나게 되면 그것에 애착심이나 증오심을 일으키게 된다. 증오심 역시 애(愛)의 일종이다. 고, 낙 등의 감수작용(感受作用)이 심하면 심할수록 거기에서 일어나는 애착심과 증오심도 커진다. 그래서 "수를 조건으로 해서 애가 있다."라고 하는 것이다.

9) 취(取: upadana)는 애를 조건으로 해서 취가 있다. 취는 취착(取着)의 의미로서 올바르지 못한 집착이다. 맹목적인 애증(愛憎)에서 발생하는 강렬한 애착을 가리킨다. 어떤 대상에 대해 욕망이 생기면 뒤따라 그것에 집착심을 일으키게 된다. 그래서 "애를 조건으로 해서 취가 있다."라고 하는 것이다.

10) 有(bhava)는 취를 조건으로 해서 유가 있다. 유(有)란 존재를 말한다. 업설(業說)에 의하면, 집착[取] 때문에 업(業)이 만들어지고, 업은 생(生)을 있게 하는 조건이 된다. 따라서 '유'를 '업'이라고 본다면, "취를 조건으로 해서 유가 있다."라는 말은 "집착을 조건으로 해서 업이 있다."라는 것이 된다. 두 번째 항목인 '행'을 무명으로 인해 생기는 소극적인 업이라고 한다면, 유는 '애'와 '취'를 조건으로 해서 생기는 적극적인 업이라고 할 수 있다.

11) 生(jati)은 유를 조건으로 해서 생이 있다. 유(有), 즉 업(業)은 생을 있게 하는 원인이기 때문에 "유에 의해서 생이 있다."라고 하는 것이다.

12) 老死(jara-marana)는 우비고수뇌(憂悲苦愁惱) 생을 조건으로 해서 늙음과 죽음 등 여러 가지 고가 있다. 생이 있게 되면 필연적으로 늙음과 죽음이 있게 된다. 그리고 다른 여러 가지 苦, 즉 근심(憂), 비애(悲), 고통(苦), 번뇌(愁), 번민(惱)이 발생하는 것이다.

출처 https://studybuddha.tistory.com/entry/십이연기十二緣起 [불교용어 사전:티스토리]

❧ 일법 | 부처님이시여, 불교에서는 반야, 반야! 하는데 지혜가 무엇입니까?

‖ 부처님 왈
  자연의 이치를 깨닫는 것이다.

❧ 일법 | 부처님이시여, 지혜를 깨닫는 법, 반야바라밀을 설하여 주십시오.

‖ 부처님 왈
  화두를 정하고 명상 속에서 자연의 이치를 관하는 것이다.
  유식에서 전오식과 육식, 말라식, 아뢰야식을 마음이 생기는 과정에 관하는 것이다.
  12연기에서 順觀으로 발생과정을 혹은 逆觀의 소멸과정을 명상 속에서 관하는 것이 지혜의 깨우침이다.

- 삼법인을 관하는 것이 지혜의 완성이다.
  재행무상의 형상은 공간적으로 변화하여 항상하지 못함을 관하는 것이고, 재법무아의 마음은 시시때때로 스스로 변하여 자아의 실체가 없다는 것을 관하는 것이며,

일체개고는 인생사 형상은 변하고 마음은 실체가 없어 집착할 수 없기에 괴로움을 관하는 것이다.

• 사상의 생기는 과정을 관하는 것도 지혜의 깨우침이고,
가라지에서 세상을 보는 것이나, 중생의 수고와 자연의 협조로 벼가 자라고 쌀이 되어 중생을 즐겁게 해주는 것, 동식물의 먹이 사슬, 지엄대사와 의상과 구름과의 인간관계, 생로병사를 넘어 불생불멸 보는 것 등은 지혜의 깨달음이며,
세상사 모두 관하는 것이 진리의 깨달음이며 지혜의 완성이다.

❈ 일법이 세상을 바라보는 마음의 반야

행복도 불행도
옳고 그름도
선과 악도 있는 것도 없는 것도 아니다.
그대의 마음이 만든 것이네.

분별과 차별, 점수와 등수
좋고 나쁨, 더러움과 깨끗함
많고 적음, 옳고 그름
죽고 사는 것 등의 일체 어리석은 나눔은 오직 인간만이 한다네.

자연은 늘 그 자리에 그대로 있고
차별도 없고 본질은 청정하고 늘 如如하다.
다만 변할 뿐이다.
중생들아, 번뇌 망상을 만들어 괴로워 말라.
이것이 장엄 정토를 만든 일체유심조라네.....

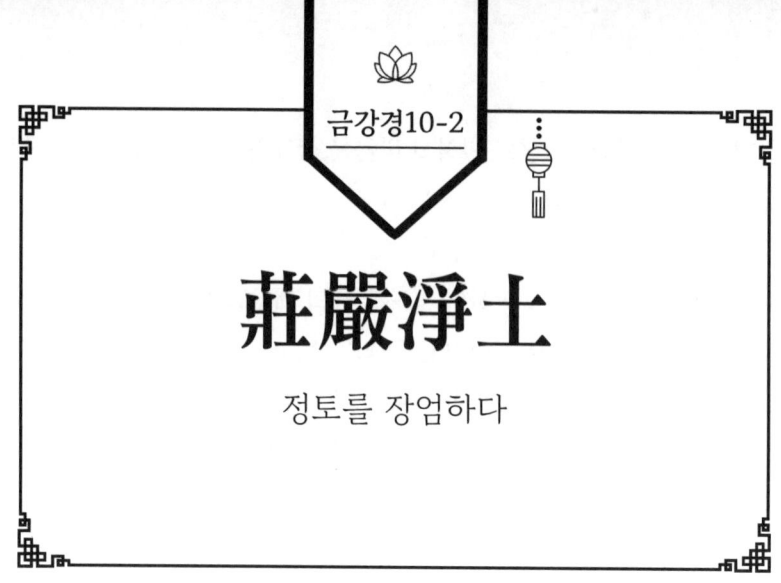

莊嚴淨土
정토를 장엄하다

莊嚴淨土는 사구게(5, 10, 26, 32분)의 하나로 부처님이 이 지상에 오신 참뜻은 자연의 이치를 正見하여 진리를 바로 보고 머물지 말라는 것이다.

❋ 일법 | 부처님이시여, 심리학자들은 어떻게 마음 형성과 마음 다스리기를 하였습니까?

| 부처님 왈
참 좋은 생각입니다.
서양의 심리학자 두 분과 대한민국 심리학자를 초청하겠습니다.

❋ 프로이드 왈 | 최초의 정신분석학자인 저를 초청해 주셔서 부처님 감사합니다.

| 프로이드 왈
인간의 마음 형성과정은 인간이 태고부터 가지고 있는 성적본능과 공격본능의 무의식, 인간으로 태어나 부모의 양육과정과 사회와 인과관계 경험 교육

과정을 통하여 형성된 전의식, 그리고 현재에 나타난 현상(대상)과 의식의 종합 작용으로 즉 무의식과 전의식 현재의 의식이 조화롭게 형성된 인식이 즉 마음입니다.

또 다른 표현은 인간의 본성인 원초아가 항상 잠재되어 있고, 부모의 양육과 사회의 교육과 경험을 통하여 초자아인 자신의 이상과 양심을 통해 형성된 성격이 있고, 현재의 대상과 인식의 조화로 형성된 자아가 표현된 것이 마음입니다.

특히 중요한 것은 부모의 양육과정 중에 형성되는 성격은 구강기에는 소유와 의존, 항문기에는 자기조절 자율성의 지배와 피지배라는 권력욕이 형성되고, 남근기에는 남녀의 성적인 콤플렉스가, 잠재기에는 지적관심, 운동과 인간관계의 토대가 되어 성기기에는 성격이 완성되어 평생을 가지고 있는 것이 성격이고 마음입니다.

❧ 일법 | 프로이드 박사님 마음은 어떻게 다스렸습니까?

프로이드 왈

이렇게 형성된 성격 마음은 전이를 통해 자신을 되돌아 보고 통찰을 통하여 정신(마음)을 바꾸었습니다.

인간은 불안한 마음을 억압, 승화, 투사, 전위, 합리화, 반동형성, 퇴행에 대한 자아를 방어하고, 신경 증상이나 무의식 갈등을 의식하고 직면하여 고통이 두렵기 때문에 회피하고 저항합니다.

- 인간은 전이와 통찰을 통하여 마음을 다스렸습니다.

전이는 과거에 경험했던 감정, 반응, 갈등, 태도, 욕망, 기대 등의 심리적 갈등에서 악마와 천사, 행복과 불행, 옳고 그름, 선과 악을 통해 현재의 이분법적, 흑백논리의 마음 상태를 아는 것이 전이입니다.

통찰은 현재 상황에서 인간관계를 관찰과 이해하고, 반복하여 다시 직접 경험하고 자기 정신작용의 역할과 중요성을 더욱 인식하고, 훈습을 통하여 명료화, 직면, 해석, 제안(격려), 행동금지, 통제, 자유연상, 수용 등을 보다 깊고 넓은 이해를 통해 의식의 심화와 확대하여 실행에 옮기는 것이 통찰의 마음입니다.

일법 | 칼 구스타프 융 박사님은 마음을 어떻게 다스렸습니까?

▌ 칼 구스타프 융 왈

분석심리학자인 저를 초청해 주셔서 감사합니다.

마음은 의식과 자아, 개인무의식, 집단무의식을 통해서 마음이 형성됩니다.
- 개인 무의식은 출생 이후 부모 등 양육과정과 사회교육과 과거 경험과 망각된 고통과 억압 등으로 구성된 무의식이고,
- 집단무의식은 개인 경험이 아니라 인류 조상들이 역사를 통해 경험하고 공유해온 정신적 내용의 저장된 상태입니다.
- 의식과 자아는 우리가 알고 있는 정신 의식의 중심에는 외부 현실 접촉과 개인무의식과 집단무의식의 조화와 통합으로 의식과 표현한 것이 자아(ego)이고 마음입니다.

- 의식과 자아는 2가지 태도와 4가지 정신 기능이 있습니다.
- 2가지 태도는 외향성은 외부사건의 사물과 사람 접촉을 통해 형성되고, 내향성은 자신 내부의 성격 욕구 가치 등에서 내적으로 형성되어 외향성과 내향성이 조화와 통찰을 통해 의식과 자아가 형성됩니다.
- 4가지 정신 기능은 외부 정보에 이성적 법칙에 구애받지 않는 비합리적 정신 기능 감각과 직관이 있고, 외부 정보에 이성적 법칙에 구애받는 합리적 정신 기능 사고와 감정이 오락가락하다가 의식과 자아 즉 마음이 형성됩니다.

- 마음을 다스리기 위해서는 자기실현과 개성화를 통해 정신 수양하는 것입니다.
  1. 자기실현은 지극히 평범한 사람의 모습을 갖추고 원만하고 선하다고 다른 사람들로부터 칭찬받는 존재가 되는 것이 아닌, 자신이 되어가는 과정입니다.

     인간들은 때로는 냉정하고 비윤리적이고 일관성 없다고 비난받고, 때로는 정열적으로 이웃들을 돕고, 권력과 금욕과 정욕에 사로잡혀 고민하고, 질투와 증오의 감정에 집착하는 보편적인 인간임을 인식하는 것입니다.
  2. 그의 머리에는 집단적 투사에 의해 생기는 명성이라는 후광이 없고 굳이 스스로 그 후광을 만들지 않으나, 그러나 만일 누가 만들어 씌워 주면 거부하지 않고 받아들입니다.

     그는 평범하나 분수를 아는 사람이다. 그는 그가 가야 할 바를 마음속에 묻고 그것이 그가 가야 할 길이라면 그렇게 가는 보편적인 인간입니다.
  3. 대인관계나 세속적인 이권에 반해서 손해를 보게 된다고 할지라도 개인과 집단의식(페르소나)에 집착하지 않는 대범한 인간으로 보이는 평범한 인간입니다.
  4. 강하다, 약하다 생각을 갖지 않고, 반성할 줄 알며, 그런 의미에서 진정으로 종교적인 보편적 인간입니다.
  5. 무엇이 나의 길인가를 항상 마음속에 물으나, 그 해답이 분명하지 않음을 알며, 때때로 인간은 그 불분명한 혼돈과 방황 속에서 찾아 헤매는 고통을 겪어야 하며, 그러나 그 물음과 찾음에 응답이 있을 것임을 믿음 초월적 영성 치료 지향적이고 지극히 보편적인 인간임을 아는 것이다.

     이것이 마음을 다스리기 위해 자기실현과 개성화를 통한 나의 정신수양하는 방법입니다.

❈ 일법 | 부처님이시여 한국의 심리학자들은 어떻게 마음을 다스렸습니까?

∥ 부처님 왈

마음에 대하여 한국의 심리학자 온나의 저자인 김상욱 교수님과 김윤주 교수님을 초청하여 들어 봅시다.

❈ 김상욱, 김윤주 교수님 왈 | 초청해 주셔서 감사합니다.

나(마음)를 찾아 깨워서, 느끼고, 아픈 마음은 다스려 "그래, 괜찮다." 위로하고, 축복하고 감사하는 것이 마음 다스리는 방법입니다.

- 첫째는 나의 마음을 찾아서 깨우고 모습을 알아보는 것입니다.
  (1) 자신 내면의 성찰 과정을 통해 자신이 어떤 관점과 신념, 철학, 이상 등을 가지고 있으며, 이런 자기 모습이 현재의 삶에 어떤 영향을 미치고, 작용하고 있는지를 자각합니다.
  - 가치관, 세계관의 신념과 돈 종교 직업 부모 배우자에 대하여 자기의 생각과 성찰은 어떠한가.
  (2) 자신은 자신을 얼마나 용서하고 자신에게 정직한가 되짚어 봅니다.
  - 자신의 모든 모습과 생각을 그냥 그대로 인정하고 정직하게 내가 받아들이는가.
  - 자기가 내린 판단을 심판하지 않고 인정하고 자신과 화해하고 자신을 수긍하고 용서하는가.
  (3) 모든 인연과 화해하고 인정하고 고백하면 내 마음은 어떠한가 찾아봅니다.
  - 삶 속의 사람들과 응어리를 풀고 화해하고 인정하고 용서하는 시간을 만들어 마지막으로 그를 사랑한다고 말하고 축복하였는가.
  (4) 내 마음을 찾고 자아를 성찰한다.

- 어린 시절부터 지금까지의 모든 기억 속 사건에서 순차적으로 떠올려 당시 자신의 모습과 마음을 느끼고 자신은 왜 그런 상황과 사건을 맞게 되었는지를 마음으로 느껴본다.
- 마지막으로 이 경험을 통해 자신이 얻게 된 통찰과 자각을 적어보고 숨겨진 마음을 찾고, 그 사건이 일어난 이유와 의미에 대해 통찰한다.
- 모든 사건을 제 3자 입장에서 반복적으로 보고 자존심이나 수치심으로 인해 떠오른 사건을 억압하지 않고 오래 머물지 않고 다음 기억으로 넘기고 기억을 살피고 의미를 통찰하여 자아를 성찰한다.

• 둘째는 있는 그대로 느끼고, "그래, 괜찮아." 마음을 다스립니다.
인간은 있는 그대로 느끼지 않고 선입견을 가지고 왜곡되게 생각하고 저항합니다.
(1) 인간은 삶 속에서 어떤 현상에 대해 그것을 있는 그대로 느껴서 경험하고 체험하여 받아들이거나 또 다른 판단을 지어내어 경험·체험한 것을 거부하고 저항하기도 하는 것이 인간의 마음입니다.
(2) 우리가 어떤 현상을 경험하는 그것과 어울려 하나가 되어 '그냥 있는 그대로 느끼고 즐기는 것'이 보통 인간의 마음입니다.
(3) 삶의 경험과 체험의 모든 현상은 자신이 스스로 지어낸 것으로 사랑과 빛이 되나, 저항은 자신에 대한 회피요 두려워하는 것이 인간의 마음입니다.
(4) 삶의 경험과 체험에 저항으로 그치면 용기와 정직이 사라지고 삶은 전혀 다른 모습으로 점점 더 무거워지고 힘들게 다가오는 면이 인간의 마음입니다.
(5) 자신의 삶이 정직한 용기로 바뀌고 달라지기를 원한다면 '이 순간부터 저항없이 느끼기.'를 시작하는 것도 인간의 마음입니다.
(6) 잘 느끼고 그것과 하나로 어우러져 '있는 그대로, 판단 분별 없이.' 온전히 수용하면 삶의 변화가 이루어지기 시작한 것도 인간의 마음입니다.

- 마음 다스리기 "그래 괜찮아, 그럴 수 있어." 위로하기입니다.
(1) 우리는 순수의식에서 분리된 각자의 개체의식으로 모든 감성적 활동과 그 상태에 따라 다양한 양상으로 나타나는 것이 마음입니다.
(2) 감성과 성향, 지성, 받아들인 개인의 정보 등에 따라 그 모습과 색깔이 다르게 구성되어 개인의식과 집단의식이 형성되는 것이 마음입니다.
(3) 의식의 편향된 모습으로 인해 우리가 맞이하게 되는 삶 속에서의 다양한 체험을 처음부터 받아들이는 시각이 왜곡되어 거부하거나 저항하는 마음으로 겪는 것이 마음입니다.
(4) 실제의 현상에서는 여러 가지 다양한 의식의 교류로 인해 자신이 "원하든, 원하지 않든." 다양한 모습을 피할 수 없어 체험하는 것이 인간사이고 마음입니다.
(5) 경험을 마주하는 개인의 마음이 "이차적인 판단이나 내용, 그 의미를 부여함."으로써 경험에 이중성이 나타나는 것이 마음입니다.
- 인간의 마음은 이원적인 사고구조로 우리가 습관적으로 모든 현상을 흑백논리로 선과 악, 싫고 좋음, 행복과 불행, 옳고 그름 등으로 나누어 분별한다.
- 사람의 마음 깊이 자리 잡은 관념과 선입견으로 이원적 사고구조와 함께 자라온 환경, 교육받은 내용, 들은 얘기, 종교적인 진리, 윤리 의식, 도덕 기준이 경험을 왜곡시킨다.
- 자, 이제는 이러한 것들을 '다 놓아 버리면' 어떻게 될까? 어떤 일이 벌어지게 될까? 그냥 그대로 펼치면 어떻게 될까?
  결과는 "어라, 그러고 보니 아무 문제가 없네?" 문제라고 생각했던 그 마음이 없어지고 나면 문제 자체가 없어져 버린다.
  그래, 모든 것은 괜찮구나. 그래, 괜찮아. 위로되고, 마음이 편안해진다.
(6) 모든 우주 만물은 변화하고 현상은 영원한 것이 없으니 재행무상이라 집착할 것이 없고, 우리의 마음도 변하고 변하여 머무르지 못하니 재법무아이니 그냥 놔 버리자.

(7) 우리 삶 속에서 펼쳐지는 현상은 행복과 불행, 기쁨과 슬픔, 좌절과 희망들로 그 모습을 달리하지만, 그 판단기준은 오랜 관념과 교육받은 정보, 종교적 관념, 윤리 의식, 도덕적 기준, 인간으로서의 제한된 한계 등 이분법으로 그 기준을 삼았습니다.

(8) 바로 자신의 현재 상태가 "불행해도 괜찮다."라는 시각과 관점에서 보면 불행이라는 현상 자체도 없다. (무엇이 불행인가?)

불행이라는 현상을 놔 버리는 면, 즉 대상이 없으면 원수(불행)가 없어진다. 원수(불행과 행복, 성공과 실패, 성취와 좌절, 사랑과 미움)라고 만든, 그렇게 굳게 믿고 있는 분별의 마음 없다면 원수(불행, 실패, 좌절, 미움 등)가 존재하는가?

사랑해야 할 대상도 원수가 존재하지 않는다면 중생의 번뇌가 없어진다.

불교의 함이 없는 사랑과 미움은 자신이 사랑과 미움이 되면 아무것도 사랑할 것과 미움할 것도 없다.

자신이 만들어 낸 것이 곧 사랑이고 미움이기 때문이다.

- 셋째는 축복하기와 감사하는 마음이 건강하고 행복하게 합니다.
- 축복하고 감사하는 마음은 그 에너지는 불균형과 부조화를 '균형과 조화'로 바꾸고 '영혼과 몸을 치유하는 힘'이 있습니다.
- 일상에서 모든 '사물, 자연, 사람'에게 감사하고 축복하는 삶을 자신과 세상을 건강하고 풍요롭게 할 것입니다.

(1) 자기 몸을 축복하고 감사하는 마음입니다.
- 자기 몸 전체를 떠올리고 사랑의 마음을 모든 장기와 뼈, 세포 하나하나에 사랑과 축복을 보낸다.

(2) 사물(대상)을 축복하고 감사하는 마음입니다.
- 눈에 보이는 우주 만물을 선정하여 사랑과 축복을 보낸다.

(3) 모든 사람을 축복하고 감사하고 사랑하는 마음입니다.
- 사람을 선정하여 그에게 말로 축복을 보낸다.

1. 당신의 삶이 건강하고 풍요롭고 행복으로 가득하길 빕니다.
2. 당신은 참으로 아름답고 이 세상에서 오직 하나뿐인 귀한 존재입니다.
3. 당신은 영원하고 완전하며 신성한 존재로 이 세상의 유일한 주인입니다.
4. 당신의 영혼이 빛을 만나 이 세상에 온 것은 이 세상의 모든 아름다움과 경이로움을 경험하기 위한 것일 뿐입니다.
5. 이 세상 모든 것은 당신을 위해 모든 사람과 국가와 우주는 존재하고 그 무엇도 당신의 자유로움과 평화를 방해하거나 깨뜨릴 수 없습니다.
6. 오직 당신 마음의 선택으로 그들에게 영향을 받고 있으며 당신은 참으로 아름다우며 절대로 안전합니다.

❈ 김상욱 교수님의 게송 "길을 잃은 그대에게"입니다.

지금 돌아보면 모두 내게 필요했고, 내가 원한 그러한 시간이요, 경험이었다.
이것을 풀고 알고 그렇게 지나 나는 나의 마지막 의문을 풀 때까지 그렇게 걸어왔다.
내가 "나"를 찾기까지는 나는 진정한 "나"가 아니었다.
그 긴 터널을 지나 돌아온 먼 길……
이 순간도 그 길을 걸어가고 있는 영혼들을 위해 기도하며 축복한다.

그것이 모두 자신을 위한 자신의 "길"임을
그리고 꿈을 깰 때까지는
그것은 꿈에 불과한 것임을……

― 2009년 김상욱 교수

莊嚴淨土

정토를 장엄하다

| 부처님 왈

이어서 마음을 설하면서도 나도 내 마음을 모른다.

일법 | 부처님이시여, 이어서 苦集滅道가 무엇입니까?

| 부처님 왈

고집멸도는 마음의 흐름으로 苦聖蹄, 集聖蹄, 滅聖蹄, 道聖蹄로 사성제이다.
苦聖蹄 세상은 苦다.
集聖蹄 고는 集(執着)에서 온다.
滅聖蹄 고를 멸한 상태가 적정이다.
道聖蹄 고를 滅하는 방법은 八正道이다.

• 이 또한 마음의 흐름이다. 중생이 사성제를 통해 이 세상은 괴로움의 세계라는 현실과 그 고통의 원인(미혹과 집착의 渴愛), 괴로움을 멸한 세계(편안한 상태), 그리고 멸하는 길(八正道)을 깨우쳐 주기 위하여 고집멸도를 초전법륜으로 굴렸다.

♦. 일법 | 부처님이시여, 苦聖蹄의 고는 무엇입니까?

‖ 부처님 왈
　세상은 苦로 괴로움이다.
　고라는 것은 현세의 갖가지 번민(탐욕, 갈애, 무지)을 말하고 반야심경의 색수상행식의, 즉 오관의 안이비설신의 통한 색성향미촉법은 안계부터 무의식까지의 결과로 생긴 괴로움과 즐거움, 사랑과 미움, 행복과 불행, 기쁨과 슬픔, 좋음과 나쁨 등 분별심의 정신적인 모든 작용을 고라고 말한다.

‖ 일법
　중생의 力動的인 에너지인 사랑 즐거움 행복 기쁨을 고라고 말씀하시면 중생은 무슨 맛으로 살아가야 합니까?

‖ 부처님 왈
　일법아, 어허 말이 많다. 중생의 力動的인 에너지인 사랑 즐거움 행복 기쁨을 고라고 말하는 것은 영원하지 않기 때문에 고이다.

　• 현실의 괴로움을 보통 4苦 8苦로 분류한다.
　즉 生, 老, 病, 死의 4苦와 사랑을 애별리고(愛別離苦), 미움을 원중회고[怨(원망할원)憎會苦], 탐욕을 구부득고(求不得苦: 원하는 것이 뜻대로 이루어지지 않는 괴로움), 욕망을 오음성고[五陰盛苦: 五蘊은 나(心)와 나의 것(心所)에 대해 집착하는 데서 오는 괴로움] 4苦를 합해 8苦로 나눈다.
　우리는 일반적으로 이런 괴로움을 늘 겪고 있으면서 인간 존재의 실상을 여실하게 보는 지혜가 없어 이 苦聖蹄의 진리에 대해서 전적으로 공감하지 못하여 苦이다.

◆. 일법 | 부처님이시여, 集聖蹄의 고통은 어디에서 옵니까?

∥ 부처님 왈
執着이 괴로움을 생기게 하는 것이 원인이다.

∥ 일법
집착하지 않는 방법은 없습니까?

∥ 부처님 왈
집착하지 않는 방법을 알기 위해서는 괴로움(고)의 원인을 알아야 한다.
고의 원인은 중생의 삼독 탐, 진, 치에서 오는 것이다.

• 집(집착)은 색불이공 공불이색 색즉시공 공즉시색 즉 현상계는 유동하는 에너지의 흐름으로 끊임없이 흘러가고 있고, 시제법공상 불생불멸 불구부정 부증불감, 즉 생하는 것도 없고 멸하는 것도 없고 더럽고 깨끗한 것도 없으며 늘어나고 줄어든 것도 없다는 것이다.
  그러나 우리 중생의 시각은 고정되어 있어 이 흐름의 현상을 고정된 시각으로 보는 것이 집(집착)이다.
  苦가 생기는 원인은 미혹(迷惑)이 생존(生存)을 불러일으켜 즐거움과 탐욕을 동반하는 모든 것에 집착하는 애욕(갈애)이다. 그것이 고의 원인이 된다.
  갈애(애욕)는 인간의 근본 미혹으로 인한 욕망과 애착이 모여 괴로운 번뇌가 일어난다.

• 갈애가 원인이 되어 삼독(탐, 진, 취)이 발생하여 번뇌가 고의 원인이 된다.
  첫째는 탐으로 모든 것을 자기 소유화하는 때에 할 수 없는 고통이 필연적으로 뒤따르게 된다. 그러므로 집착과 소유욕의 탐(집)이 고의 원인이 된다.

세 가지 집착과 애욕이 있다.

하나는 정욕적(情欲的)인 욕애(慾愛)이고,

하나는 생존(生存)에 대한 갈애(渴愛: 목이 말라 물을 찾듯이 凡夫가 오욕을 몹시 탐하여 집착함을 말함)이며,

하나는 생존이 멸(滅)하는 것에 대한 갈애(나라는 존재가 영원하여 좋은 것을 항상 향유하기를 바라는 마음)이다.

둘째는 진으로 모든 것을 소유할 수 없는데 그것을 갖지 못한다고 성질을 부리는 것이 진이 고의 원인이 된다.

셋째는 취로 어리석음, 즉 무지에 의한 고통으로 가질 것(탐)도 성질부릴 것(진)도 없는데 알지 못하여 취가 고의 원인이 된다.

◆. 일법 | 부처님이시여, 滅聖蹄의 고의 멸은 어떤 상태입니까?

‖ 부처님 왈
괴로움을 멸한 상태가 적정열반이다.
멸이란 미혹한 세계를 탈피하여 깨달음의 세상으로 건너간 것(깨달음, 해탈, 열반)으로 도성제의 결과로 집착과 소유욕이 없는 상태, 즉 집이 완전히 소멸한 상태, 절대 자유의 경지를 말한다.

‖ 일법
중생은 해탈 열반의 상태 적정에 들어갈 수 없습니까?

‖ 부처님 왈
해탈과 열반은 반야심경과 금감경 등 불법의 깨우침의 결과물이다.
삼세제불 의반야바라밀다고 득아뇩다라삼막삼보리

고지 반야바라밀다 시대신주 시대명주 시무상주 시무등등주 능제일체고 진실불허

즉 과거 현재 미래 삼세의 부처님은 번뇌에서 벗어나고 깨어난 사람들은 모두 지혜의 완성에 깊은 신뢰를 가지며 더 없는 바른 지혜의 눈을 뜨고 진리의 깨달음을 얻었다.

그러므로 사람은 알아야 한다. 지혜를 완성한 위대한 진리의 말(진언), 위대한 깨우침의 참된 말(진언), 더 위에는 없는(무상) 진리(眞理), 무엇과도 비교할 수 없는 무비(無比) 진언(眞言)은 모든 괴로움을 가라앉히는 것이며 거짓이 없으므로 진실한 것이 멸의 상태이다.

‖ 일법의 넋두리
 불법을 깨우쳐 시공을 초월하는 지혜를 얻어 번뇌에 벗어나 모든 것에 如如함을 멸의 상태라고 한다.

◆. 일법 | 부처님이시여, 道聖蹄 고를 멸하는 방법은 무엇이 입니까?

‖ 부처님 왈
 고를 滅하는 방법은 八正道의 도이다.
 즉 고를 멸한 상태는 적정으로 그 상태에 이르게 하는 방법은 팔정도이다.
 고를 멸하는 방법은 中道와 八正道를 실천하는 것이다.

‖ 일법
 해탈과 열반에 들어가게 中道아 八正道 설하여 주십시오.

‖ 부처님 왈
 中道는 범부에게 눈을 뜨게 하고 지혜를 낳으며 영원한 편안과 증지와 바른 깨달음과 열반에 도움이 되는 것으로 나에게 보는 생안이 생기고, 지

식이 생기고, 지혜가 생기고, 명지(明智)가 생기고, 광명이 생긴다.
　선과 악, 사랑과 미움, 더러움과 깨끗함, 좋고 나쁨 등에 집착하지 않음이 중도다.
　중도를 찾는 수행자들은 두 가지의 극단을 삼가야 한다.
　참다운 목적을 위해서는 무익한 일이다.
　　1. 모든 욕망 중에서 쾌락의 생활에 잠겨 집착하여 괴로워하는 것은 범부들이 하는 것으로 성스러운 일은 아니다.
　　2. 스스로 피로(고행)에 잠기는 것으로 몸을 괴롭히는 것도 성스러운 것은 아니다.

일법 | 부처님 팔정도는 무엇입니까?

‖ 부처님 왈
　천천히 가자.
　八正道(=實踐道=道聖제)란 고를 멸하는 상태에 도달하기 위한 성스러운 진리이다.

◆. 부처님 왈

　팔정도 첫 번째는 正見으로, 고는 무엇이며 고가 일어나는 원인과 고가 멸한 상태와 고가 멸한 원인이 무엇인가를 바로 보는 견해로 正見이다.
　전도된 망상을 보지 말고 자성을 보라는 것이 정견이다.
　자성에서 우주가 돌아가는 묘용을 보라는 것이 정견이다.
　티끌 속에서 우주 만물의 진리를 보라는 것이 정견이다.

- 비유다. 물고기의 대화에서 선 혹은 도, 깨달음을 보라는 것이다.
　작은 고기: 종종 바다 얘기를 듣는데 바다란 뭐냐?

큰 고기: 네 주위가 바로 바다야!

작은 고기: 근데 왜 난 볼 수 없지?

큰 고기: 바다는 네 속에도, 밖에도 있어.
　　　　　넌 바다에서 태어나 바다에서 살다가 바다로 돌아간다.
　　　　　바다는 마치 네 몸처럼 널 감싸고 있단다.

중생들은 도가 무엇인가 찾아 헤매고 있다.

도는 자신의 마음속과 주변에 널려 있는데도 도가 무엇인가 고민하고 있다.

자연의 이치를 보는 것이 정견이다.

▎ 부처님 왈

비유다. 자기를 비워라.

어느 학자가 남은(일본명치시대 선사)에게 선(도)을 여쭈러 가니 차를 내왔다.

남은 선사는 차가 다 찼는데도 따르기를 계속하였다.

학자 왈: 스님 차가 넘칩니다. 그만 따르지요.

남은 선사 왈: 그대는 바로 이 잔처럼 안에는 자신의 관념이 꽉 채워져 있소.
　　　　　　우선 자신의 잔을 비우지 않는 한, 내 그대에게 어찌 선을 얘기하리오?

비우지 않으면 진리가 들어갈 곳도 없고 정견(진리)을 보지 못한다.

◆. 부처님 왈

팔정도 두 번째는 正思惟(생각하다 유, 도모하다)로 바르게 생각하고 판단하는 사고방식으로 모든 업의 근본작용을 말한다.

자성은 청정하니 자성은 없다는 것(법무아)을 보라는 것이다.

반야심경의 "無"자 나열은 생각 자체는 無라는 것이다. 법을 만드는 것 즉 分別, 妄想, 思惟 등을 그치노라면(무) 사이의 장애가 곧 걷혀 내심은 고요로 충만하니 절로 無에 통한다. 예, 무수상행식 무고지멸도.
　불교의 처음 관문은 無자이다.

　• 우주 만물은 우주의 법칙에 의해 묘용되고 있다. 중생들은 우주의 법칙에 좋고 나쁨, 선이니 악이니 법을 만들어 자기 합리화하여 행동에 대하여 자신을 곰곰이 되돌아보는 것이 정사유이다.
　내 자신의 고민과 생각을 어떻게 끌고 가는 것과 몸을 끌고 가는 것이 참 나인가를 사유하여 바로 보는 것이 정사유이다.

　• 자신의 생각이란 대상에 의해 정해진 것인데, 자기 합리화하여 생각 여하에 따라 달라진다.
　부처님의 생각으로 보면 이 세상은 불국토이나, 중생의 생각으로 보면 사바세계이다.
　돈이 생겨 '쇼핑'을 생각하면 사바요, 보시를 생각하면 불국토다.

　• 생각을 정립해야 바로 볼 수 있다.
　이 세상 단점을 보는 것이 아니라 전생의 씨앗(원인)을 보아야 한다.
　내 아내와 남편의 단점을 생각(보지)하지 않고,
　내 아내와 남편과의 인연은 800생이 되어야 만난다는 것을 알아야 한다.
　아들, 딸의 눈에 나는 어떻게 보여지고 있는가를 생각하라.
　그래서 대자연의 마음은 단점(원인)을 사랑하는 것이다.

　• 바른 견해로 모든 것을 바르게 보는 눈, 올바른 시각의 설정으로 사물을 관찰하여 그리고 옳은 것을 볼 줄 아는 슬기, 사성제의 원리(무엇이 苦이며 고의 원인은 무엇인가)를 바르게 이해하는 것이 정사유이다.
　첫째는 내가 나를 마음으로 바로 보라. 몸뚱이가 깨어져야 마음을 볼 수 있다.

하나, 한평생 무엇을 위하여 노력하였는가?

똥집인 몸뚱이가 원하는 대로 하였으나 노력의 결과는 그러나 내 몸뚱이는 배신한다. (죽음)

하나, 내 마음이 원하는 대로 마음을 위하여 보낸 것은 적다.

마음이 원하는 것은 괴로움을 피하여 편하나 몸이 원하는 것은 안락함 때문이다. 그러나 종국의 반대로 나타난다.

참나를 바로 보는 것 = 부처님을 바로 보는 것 = 정견

둘째는 전체를 마음을 열고 크게 보라.

하나, 우주와 나와 관계를 보라

꽃피는 것, 늙어가는 것 등 아주 느린 것과 아주 **빠른** 총알은 보이지 않는다.

하나, 자연의 이치와 우주를 보라

우주가 돌아가기 때문에 이 몸도 늙어가고 죽는다.

셋째는 가까이 있는 사람을 바로 보라.

하나, 본 것, 듣는 것 등을 잘 소화(정리)하는 것이 중요하다.

하나, 세상의 중생을 부정으로 보지 말고 긍정의 눈으로 보라는 것이다.

넷째는 내 몸이 참나가 아니고 나를 끌고 가는 참나를 보라.

하나, 형상을 보지 말고 자성을 보라.

◆. 부처님 왈

팔정도 세 번째는 正語로 올바른 언어적 행위, 정사에 입각한 언어적 행위로 거짓말(妄言), 폭력적인 언어(惡口), 남을 현혹하는 말, 이중적 언어를 바로 제어하는 것이 正語이다.

• 평생 동안 아름다운(고운) 말을 개발하자.

성질 급해서 악담과 욕설을 하는 것이나, 마음이 편안하여 사랑스럽고 아름다운 말을 할 때는 내 마음속과 우주 밖의 녹음기에 녹음되어 있다.

평생에 한 말은 저승의 면경대에 저장되고 지금 한 말은 아뢰야식의 마음속에 저장된다.

거짓말(妄言), 폭력적인 언어(惡口), 남을 현혹하는 말, 이중적 언어를 쓰면 면경대에 저장되어 있어 지옥에 가고, 평상시에 감사, 사랑, 봉사, 축복, 행복 등 고운 말 아름다운 말을 쓰면 현생에서 즐겁고 행복하고 죽어서는 천국에 간다. 허허허 이것은 일법의 생각입니다.

♦. 부처님 왈

팔정도 네 번째는 正業으로 올바른 행위로, 결과에 대한 책임도 감수하는 것이 정업이다.

• 중생에게는 삼업이 있다.
첫째는 몸뚱이로 쌓는 身業으로 사음, 도둑질, 살생이고,
둘째는 주둥이로 쌓는 口業으로 妄語, 綺語, 惡口, 兩舌이며,
셋째는 생각으로 쌓는 意業으로 탐심, 진심(성냄), 치심(어리석음)이 있다.

• 정업을 수행하는 방법이다.
하나, 나는 독립된 나가 아니고 우주 전체의 나(불성존의 아인)이다.
즉 모두 허공에 의지해 산다(허공자적).
둘, 생각과 정언(피드백)을 행동으로 습관화하는 것이 정신력을 키우는 정업이다.
무엇을 익혔느냐(인)에 따라 무엇을 할 것인가(연)로 어떠한 업을 형성한다(과).

셋, 벽을 허물면 이방 저방이 없어진다(너와 나의 벽을 허물면 불성이다).
그러기 위해서는 내 벽부터 허물어야 한다.
정업은 내 벽을 허무는 것이다.
비유로 내가 한 방울의 물이 되어 사바의 바다에 '퐁' 하면 된다.
넷, 정업을 쌓는 방법은 내가 할 수 있다는 것을 알고 감사하고 즐거운 마음으로 노동하는 것이다.
불평불만으로 일하고 남의 흉이나 보고 욕하고 하는 것은 邪業이다.

◆. 부처님 왈

팔정도 다섯 번째는 正命으로 바른 생활로 직업의식, 윤리도 포함한다.

‖ 부처님 왈

내 전생에 무엇이 있었는가 바로 보라.
현재 일어나는 것은 전생에 뿌린 씨앗이다.
중생은 씨앗을 심지 않고 결과를 바란다.
그러나 불보살은 씨앗을 심고 결과를 보지 않는다.
바다와 같이 씨앗을 심어라(오늘의 결과를 바라지 말라).
불보살은 씨앗을 심는 것이 중요하다.

◆. 부처님 왈

팔정도 여섯 번째는 正精進로 올바른 누력(수행)으로, 아직 일어나지 않은 사악한 일은 일어나지 않도록 노력하며, 일어난 모든 사악은 끊으려고 노력하며, 이미 일어난 善은 지속하며 아직 일어나지 않는 선은 일어나도록 노력하는 것이 정정진이다.

- 정전진은 바른 노력을 의미하는 것으로서, 끊임없이 노력하여 물러섬 없이 받아들이는 마음가짐을 지니는 것입니다.

바다처럼 모든 것을 받아들이고 허공처럼 되어라.
허공은 똥이나 침을 뱉어도 묻지 않는다.
마음이 바다와 허공처럼 되면 어떠한 사람도 나를 괴롭힐 수 없다.
이것을 정전진으로 마음이 부처처럼 편안하게 된다.

나는 나를 볼 수가 없다.
나는 나의 얼굴과 마음의 창인 눈은 전혀 볼 수가 없다.
거울에 비치는 것은 허상이다.
내 속에서 나를 찾으면 나를 잃고,
내 속에서 부처를 찾으면 부처를 잃고,
내 속에서 조사를 찾으면 조사를 잃고,
내 속에서 도를 찾으면 도를 잃는다.
즉 내 속에서 나를 찾을 것이 아니라 나를 깨뜨리고 중생을 어떻게 보는가를 보라.
나를 움직이고 있는 것을 찾는 것이 화두다. 참선이다.

참나를 찾아서.
나는 누구인가,
나는 어디서 왔다가 어디로 가는가,
나는 이곳에 왜 왔으면 무엇을 할 것인가,
참나를 찾는 것이 정정진이다.

◆.부처님 왈

　팔정도 일곱째는 正念은 곧고 바른 생각으로 몸과 감정과 마음을 잘 관찰하여 조심스럽게 주의와 사려를 통해 탐욕과 근심에 동요되지 않고 또한 그것들을 일으키는 원인제공을 조어하는 것이 정념이다.

　• 정사유는 생각과 고민(고뇌)하는 법을 수행하여 중생을 보고 나를 깨우치고
　正念은 나를 관찰하는 법을 수행하여 즉 순수한 마음, 고요하고 안정된 삼매에 드는 것이 정념이다.
　마음을 안정하려면 남의 허물을 보지 말고 내 허물을 보라.
　그러면 날마다 생일이요 매사에 감사하게 된다.
　지금 일어나고 있는 모든 일을 바다처럼 모든 것을 받아들여라. 전생의 업이다.
　현재는 전생에 찍힌 필름이 돌고 있다.
　여래는 하루를 버리지 않고 나를 따라다니고 있으나 나는 여래를 알지 못한다.

◆.부처님 왈

　팔정도 여덟째는 正定으로 모든 욕망과 악을 끊으며 번잡하고 미세한 생각을 버리고 정신 통일의 성채에 도달하는 경지로 멈춤이 正定이다.

　• 내 마음속에 부처 성품이 있어 잘난 사람, 못난 사람이 없다는 것을 아는 것이 정정이다.
　내가 부처라는 것을 알기 때문에 당당하고 성성하다.
　여래는 하루도 나를 버리지 않았고 내가 여래인지 나는 인식하지 못했기

때문에 정정당당하게 나를 아는 것이 正定이다.

◆.부처님 왈

팔정도의 결론입니다.
• 8정도는 분리 독립된 개체가 아닌 총체적 틀 속에서 연쇄적, 순환적 사고로 이해해야 합니다.
열반으로 이르는 방법론(8정도)은 3학이 있어서,
 - 계는 윤리적 도덕적 규범으로써 정어, 정업, 정명이요,
 - 정은 정신적 수행으로써 정념, 정정이며,
 - 혜는 정견 정사유이다.

일법 | 부처님이시여 진리(마음)의 본바탕은 무엇입니까.

‖ 부처님 왈
莊嚴淨土는 마음속에 내가 무엇을 심었는가를 보는 것이 진리다.
진리란 끝없는 행위는 마음에서 비롯되며 이 행위에서 다양한 세계가 일어난다. 세계의 참다운 본성이 마음에 지나지 않는다는 것을 깨달을 때 비로소 세계와 조화를 이룰 수 있게 된다. 이 세계가 한낱 꿈에 지나지 않는다는 것을 자각하여 모든 붓다들이 단지 그림자에 지나지 않으며 또 다르마(행동규범)들이 메아리에 지나지 않는다는 것을 알게 됨으로써, 그대는 걸림이 없는 자유를 누릴 것이다. (고메즈의 화엄경 해석)

• 진리의 본바탕(마음)은 중도이다.
있는 것도 아니고 없는 것도 아니다.
자연의 이치를 중생의 분별심 없이 보는 것이다.
일체 현상계를 이분법으로 판단하지 않는 것이다.

중도가 제상무상이니,
깨달으면 허공이 보이지 않네,
中道는 分別心이 없어 諸相이 없는데,
衆生들은 虛空까지 만들고 번뇌망상한다.

⚛ 일법 | 부처님이시여, 불국토는 있습니까?

‖ 부처님 왈

즉비장엄으로 반야장엄이다.
身장엄은 누구에게나 보행 공경하는 것이요,
心장엄은 마음이 청정하여 소득심(모든 것을 구하는 마음)이 없는 실무 소득이다.
반야장엄은 청정한 마음과 몸으로 정해쌍수로 제상과 비상을 다 보는 것으로 바라는 것이 없어 탐증과 애증이 일어나지 않는다.

비유로, 어느 학장님이 임기 끝에 하신 독백 "사람은 올라가기도 어렵지만 내려오기는 더욱 어렵구나."
두 번째 학장 시절에는 "나를 버리려고 노력하고 우리(전체)를 보려고 노력하니 마음이 편안하고 내가 보이더라."

마음이 불국토를 만드니,
깨달으면 불국토이다.
그대가 부처이다.
참 지루하네 일법아, 고생했다.

일법의 게송 "마음"

중생이여
자신을 사랑하고
자신을 위로하라
그것이 중생을 사랑하고 위로하는 것이다.
그러면 그대가 부처다.

일법의 게송 "무심"

성남시청에 멋진 분수대가 있다.
노래에 맞추어 분수가 춤을 추고 조명도 밝혀준다.
참으로 감탄사가 절로 나온다.

갑자기 20미터 올라간 물방울은 무섭고 겁이 나지 않을까.
의문이 생겼다.
내가 저 높이 있다면 겁이 나고 마구 소리를 지를 것이다.
으 아악 일법살려……

그렇다.
물은 감정이 없어 겁이 없고 무섭지 않다.
그러나 일법은 감정이란 마음이 있어 무섭고 겁이 생긴 것이다.

일법아,
인간은 마음이 있어 좋은 것이고 조심한다.
마음이 없으면 겁도 없고 부처라네.

금강경 11

無爲福勝

무위의 복덕이 유위의 복덕보다도 더 수승하다

∥ 부처님 왈

　수보리야, 항하에 있는 모래 수처럼 그렇게 많은 항하가 있다면 네 생각이 어떠하냐, 그 모든 항하강에 있는 모래가 얼마나 많겠느냐.

∥ 수보리

　아주 많사옵니다, 세존이시여. 저 모든 항하의 수만 하여도 한없이 많을 것인데, 하물며 그 가운데 있는 모래가 얼마나 많겠습니까.

∥ 부처님 왈

　수보리야, 내가 이제 진실한 말로 너에게 이르노니,
　만약 선남자 선여인이 있어 저 항하의 모래 수처럼 많은 삼천대천에 가득한 칠보를 가지고 널리 보시했다면 그 얻은 복이 얼마나 많겠느냐.

∥ 수보리

　심히 많사옵니다, 세존이시여.

‖ 부처님 왈

　만약 선남자 선여인이 금강경 가운데 네 글귀만이라도 받아 지니고 남을 위해 말해 준다면 그 복덕이 앞에서 말한 복덕보다 더 없이 뛰어나리라.

‖ 일법

　한 사람을 깨달음의 경지에 이르게 하는 것이 중요하기 때문에 강조한 것이다.
　금강경을 스스로 올바로 이해하고 수지하여 깨달아 실천하고 한 중생에게라도 그 뜻을 가르치고 나누고 이해시키는 것이다.
　爲他爲說 즉 중생을 위하여 금강경을 설한 것이 無爲福勝이다.
　모든 복덕 중에 최고는 타인을 깨달음의 경지에 이르게 하는 것이니 강조하고 강조하여도 부족함이 없다.

❈ **일법 | 부처님이시여 보시의 방법을 비유로 들어 주십시오.**

‖ 부처님 왈

無財七施이다.
어떤 덜떨어진 놈이 나를 찾아와 호소하였다.
　덜떨어진 놈: 저는 하는 일마다 제대로 되는 일이 없으니 무슨 이유입니까?
　부처님 왈: 그것은 네가 남에게 베풀지 않았기 때문이다.
　덜떨어진 놈: 저는 아무것도 가진 게 없는 빈털털이입니다.
　　　　　　　나에게 줄 것이 있어야 주지, 남에게 뭘 준단 말입니까?
　부처님 왈: 그렇지 않느니라.
　　　　　　　아무 재산이 없더라도 줄 수 있는 일곱 가지가 있는 것이다.

　첫째는 화안시로 얼굴에 화색을 띠고 부드럽고 정다운 얼굴로 남을 대하는 것이요.

둘째는 언시로 말로써 얼마든지 베풀 수 있으니 사랑의 말, 칭찬의 말, 위로의 말, 격려의 말, 양보의 말, 부드러운 말 등이다.

셋째는 심시로 마음의 문을 열고 따뜻한 마음을 주는 것이다.

넷째는 안시로 호의를 담은 눈으로 사람을 보는 것으로 눈으로 베푸는 것이요.

다섯째는 신시로 몸으로 베푸는 것으로 남의 짐을 들어 준다거나 일을 돕는 것이요.

여섯째는 좌시로 자리를 내주어 양보하는 것이다.

일곱째는 찰시로 굳이 묻지 않고 상대의 속을 헤아려 알아서 도와주는 것이다.

- 마음가짐이 중요하다. 네가 이 일곱 가지를 행하라.

"보시의 습관이 붙으면 너에게 행운이 따르리라."

❀ 일법 | 부처님이시여, 금강경의 무위의 공덕(복덕)이 무엇입니까?

| 부처님 왈

함이 없는 행위를 말한다.

불성, 진여, 자성, 진제(속제), 진면목, 성품, 본성, 공덕(복덕) 등이 함이 없는 행위로 불경에는 무위, 여래는 함이 없는 행위가 너무 많아 중생들이 미혹에 빠지게 한다.

무위법은 금강경 사구게 안에 무의 뿐 아니라 금강경 전체가 무위법을 강조한 것이라 해도 과한 것은 아니다.

- 무주상보시, 즉 함이 없는 행위로 바람이 없는 보시이다.

물질적인 보시를 하면서도 무위로써 행할 수 있고,

금강경 사구게를 들려주는 법보시를 하면서도 유위로 할 수 있기 때문이다.
　중요한 것은, 무엇을 보시하느냐가 아니라 무위로써 했느냐, 하는 점이다.

　• 참된 보시 즉 함이 없는 보시는 무주상 보시로 어디에도 머무름이 없는 보시이다.
　'누가'도 없고, '누구에게'도 없으며, '무엇'도 없는 것이다.
　이러한 보시에는 보시하는 '주체'도 사라지고, 보시받는 '대상'도 사라지며, 보시할 '것'도 사라진다.
　이 세 가지가 사라지면 보시란 말도 군더더기다.

　• 이것이 함이 없는 보시다.
　미진수 만큼의 세계가 있으니 미진수 만큼의 법이 있다.
　미진수 만큼의 법(상)이 있으니 미진수 만큼의 번뇌망상이 있다.
　번뇌망상을 만드는 놈은 누구인가?
　번뇌망상을 만드는 놈이 '나'구나.
　번뇌망상이 없는 함이 무위의 복덕이다.
　번뇌망상을 만드는 놈이 나라는 것을 깨달으면 그대가 부처라네.

❖ 일법 | 부처님이시여, 법보시는 어떠한 마음으로 행해야 합니까?

｜ 부처님 왈
　중생들을 위해 법을 설명하려면 한량없는 방편으로
　첫째는 믿는 마음을 내게 하고,
　둘째는 끝내는 우러르게 하며,
　셋째는 성취하게 하여 기뻐하게 해야 한다.

　• 그리고 보시의 마음에 거침(無碍)이 없어야 한다.

구부려 보지도 않고 즐겁게 만들고,
우러러보지도 않으면서 밝은 지혜로 모든 것이 공함을 가르치고,
폐부를 찌르는 고언으로 절실한 가책 감을 갖게 하고,
오직 곧고 바로 보아서 아는 바와 보는 바에 장애가 없어야 한다.

• 노자님은 이런 말씀하셨다.
'학문'이란 나날이 쌓아가는 것이고, '도'란 나날이 비워가는 것이다. 비우고 또 비워서 더 비울 것이 없는데 이르면 천하에 아니 될 일이 무엇인가.
나날이 비워가는 것이 함이 없는 법보시의 수행이다.

일법 | 부처님이시여, 법보시는 어떠한 음성으로 중생들과 대화해야 할까요?

| 부처님 왈
나는 여덟 가지 마음의 음성으로 함이 없는 대화를 했다.
1. 깊은 소리(甚深)
2. 맑은 소리
3. 듣는 이의 마음에 꼭 들어옴(入心)
4. 사랑스러움(可愛)
5. 극히 충만함(極滿)
6. 활기차고 위엄 있음(活)
7. 분명함(分丁: 넷째 천간정, 당하다, 성하다)
8. 지혜로움(智)
마음을 정하고 중생을 사랑하고 즐겁게 만들겠다는 생각이 중요하다.
이것이 無爲福勝이다.

옛날 옛적에 일법의 일화

할아버지 왈: (비 오는 어느 야심한 밤에 술 취한 할아버지의 하소연)
자식들이 나를 인정하지 않고 사랑하지 않습니다.

어느 놈 왈: 자식들이 할아버지를 인정하지 않고 사랑하지 않더라도
할아버지께서는 자식들을 인정하고 무엇을 바라지 말고 무조건
사랑하십시오.
그것이 마음 편하고 사랑입니다.

사랑받기보다는 사랑하기를
용서받기보다는 용서하기를
위로받기보다는 위로하기를 바랍니다.

기쁨도 좋지만 기쁨을 주는 사람이 되기를
즐거움도 좋지만 즐거움을 주는 사람이 되기를
미소도 좋지만 웃음을 주는 사람이 되기를 바랍니다.

봉사 받기보다는 봉사하는 사람이 되게
이해받기보다는 이해시키는 사람이 되게
받는 사람보다는 주는 사람이 되기를 바랍니다.

자비의 부처님시여!
하기를, 되기를, 되게 자비를 베푸소서.
이것이 무위복승인가 합니다.

- 일법 합장

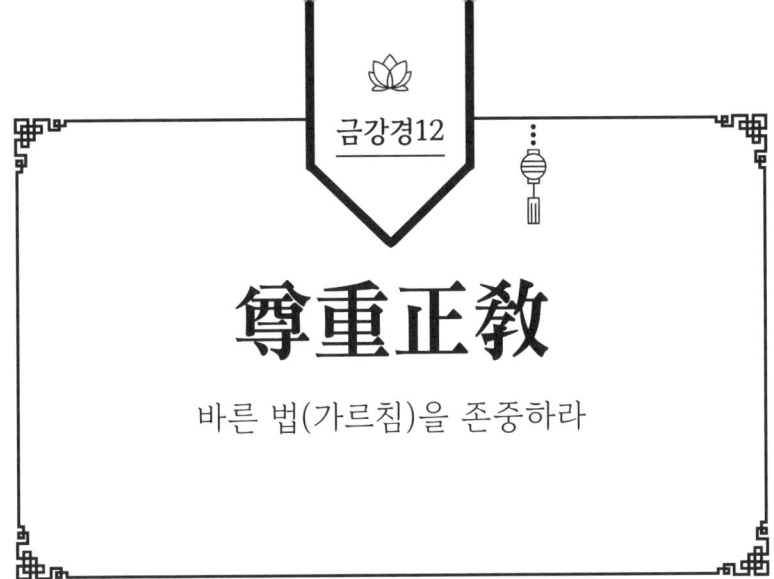

尊重正敎
바른 법(가르침)을 존중하라

‖ 부처님 왈

　수보리야, 금강경의 네 글귀만이라도 그 뜻을 일러준다면 마땅히 알라.

　이곳은 일체 세간의 하늘과 사람과 아수라가 다 마땅히 공양하기를 부처님의 탑과 절에 하듯이 할 것이다. 하물며 어떤 사람이 이 경을 능히 다 받아 지니고 읽고 외움이겠느냐.

　• 금강경을 수지독송한 사람은 가장 높고, 제일가는 希有한 진리를 성취한 것이다.

　• 금강경은 부처님이 계신 곳과 같고 존경받는 부처님의 존중한 제자가 되는 것이다.

‖ 일법

　자연 이치(네 글귀)를 알면 자연의 현상과 자연의 자성과 자연 간의 오고 가는 이치(순리, 지혜)를 깨달아 진리를 성취하면 중생들은 공양할 것이다.

　"중생이 금강경을 수지 독송한다면 그 사람은 틀림없이 가장 높고 제일가는 아주 고귀한 법을 얻은 것이다."

❋ 일법 | 부처님이시여, 바른 법이 무엇입니까?

‖ 부처님 왈

　금강경의 이치를 깨닫는 것이다.
　즉 자연(여래)의 이치를 아는 것이다.
　어느 불자들은 금강경을 수백 번 독송하였다고 자랑한다. 수백 번 녹음기처럼 읽는 것보다 한 번을 읽더라도 내용을 알고 음미하면서 천천히 독송하여 깨치는 것이 중요하다.

❋ 일법 | 부처님이시여, 왜 금강경은 왜 높고 깨치기가 어렵습니까?

‖ 부처님 왈

　금강경은…
　깨닫기도 어렵고
　깨달아 수행하기는 더욱 어렵고
　중생을 위해 법보시를 행하기는 더더욱 어렵다.
　금강경은 불교의 핵심으로 삼보이기 때문에 깨치기 어렵다.

‖ 일법

　그래서 부처님을 공양하고 찬양합니다.

‖ 부처님 왈

　금강경은 삼보다.
　보신불은 부처님으로 자연이고,
　법신불은 부처님의 가르침으로 법이고,
　화신불은 승으로 부처님과 가르침이라는 두 가지 보배를 바로 믿고 이해하고 수행하며 살아가는 바른 제자와 중생으로 실행하는 자이다.

❈ 일법 | 부처님이시여, 금강경은 왜 깨쳐야 합니까?

| 부처님 왈

반야(금강경)를 깨칠 수 있다는 자신감이 있어야 한다.

지혜를 깨우쳐 불안과 두려움이 없어지고 마음이 편안해진다.

지혜를 깨치면 자연의 이치를 알고 분별심(중도)과 소득심(집착)이 없어진다.

지혜를 깨치면 분별심은 흑백의 논리로 시비, 선악, 생사 등으로 중도를 알고, 소득심은 취할 것과 버릴 것도 없다는 것을 알고 집착에서 벗어나 인생이 즐겁고 행복하다.

❈ 일법 | 부처님이시여, 금강경을 깨치는 바라밀(수행)은 무엇입니까?

| 부처님 왈

쌀을 수확하기 위해서는 볍씨를 뿌리고, 김매고, 잡초를 뽑고, 거름도 주고, 물도 대주어야 하는 중생의 수고와 자연의 협조가 있어야 쌀을 생산하게 되는 것이다.

고통과 쓰라림, 아픔과 노동의 대가가 있어야 쌀이라는 추수의 즐거움과 행복이 있다.

- 쌀을 얻기 위해서는 고통과 쓰라린 아픔의 노동이 있듯이, 금강경을 수지 독송으로 고귀한 법을 얻기 위해서 인내와 실천의 바라밀이 필요하다.

- 금강경 수행 방법은 방편을 통해서 止觀定慧에 이르는 것이다.

지관정혜는 마음을 멈추고 삼독과 번뇌망상 등을 관찰하여 지혜를 깨닫는 것이다.

방편은 염불 참선 간화선 절 사경 수지독송 등이다.

• 금강경의 수행은 自燈明과 法燈明으로 기준을 삼으라.

　自燈明 자신의 체험을 법의 등불로 삼아 자신의 마음을 비우고 분별없이 있는 그대로 관찰함으로써 자기 안에서 깨달음을 얻는 것이다.

　法燈明 자신을 비우고 봄으로써 법은 자신이 만든다는 것을 알고, 법을 깨닫기 어렵기 때문에 부처님께서 진리의 가르침이 담긴 경전을 통해 깨달음을 얻으라는 것이다.

일법 | 부처님이시여, 왜 금강을 버려야 합니까?

‖ 부처님 왈

　금강경(지필묵)도 깨치면 버리는 것이다.

　　비유: 가로등은 어두우면 필요하나 해가 뜨면 필요 없는 것이고,
　　　　강을 건너고 나면 배는 필요 없다.
　　　　그러나 중생들은 달을 보라하고 손가락으로 달을 가리키니 손가락만 본다.
　　　　깨닫기 위해 금강경을 수지독송하라고 하니 금강경을 보물로 생각한다.
　　　　미혹에서 금강경이 필요하나 깨치면 버리는 것이다.

尊重正敎 게송

바른 가르침은 고요함 속에 행함이다.

태양은 고요한 것 같으나 이글거리고
창공은 고요한 것 같으나 항상 움직인다.

바다는 멍청하니 다 받아들여 정화하고 세상을 수용하며

물은 약하고 부드러운 것 같은데 생명의 원천이요

어머님의 얼굴은 약하고 자애로운 것 같으나 강하고
어린아이의 웃음은 평화로운 것 같으나 생동하고 있으며

부처님의 웃음은 가벼운 것 같으나 깊이를 헤아릴 수 없고
부처님의 귀는 커서 흘러버리는 같으나 천수천안으로 어루만지고 살피고
계시네.

강함 속에 강이 있는 것이 아니라
고요하고 멍청하고 약하고 평화스럽고 가볍고 없는 것이 강하다.

무속에 유가 있나니 尊重正敎 바른 법(가르침)을 존중하라.
그대여 항상 웃어라, 그것이 강함이요 바른 가르침이다.

心燈
歷劫傳傳無盡燈(지낼력, 위협할겁, 전할전, 다될진, 등잔등)
不曾排別鎭長明(일찍증, 밀칠배, 나눌별, 진압할진, 길장)
任他雨灑廉風亂(맡길임, 다를타, 뿌릴쇄, 청렴할염, 어지러울란)
漏屋虛窓影自淸(샐루, 집옥, 빌허, 창창, 그림자영, 맑을청)

마음의 등불
오랜 겁을 전해 내려오면서 다함이 없는 등불.
일찍이 돋우거나 갈지 않아도 언제나 밝다.
비가 뿌리고 바람이 어지러워도 그대로 맡겨두고,
새는 집 빈 창에 그림자 스스로 밝다.

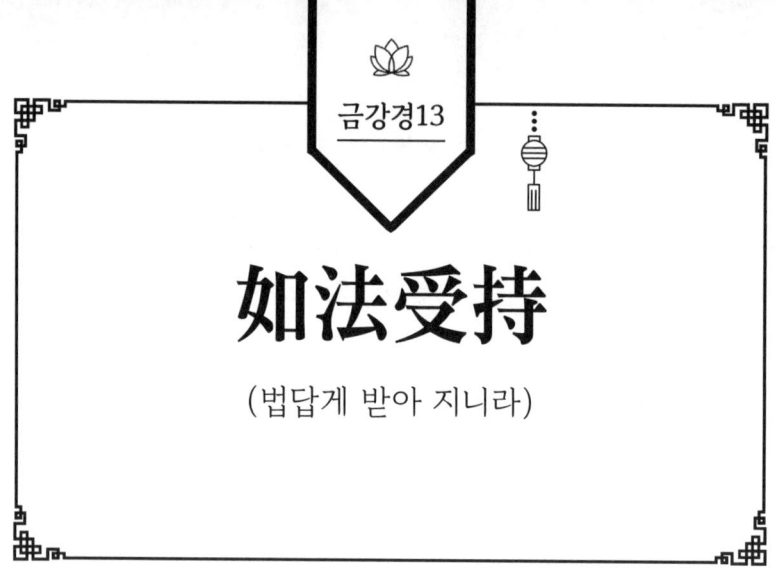

如法受持
(법답게 받아 지니라)

▎수보리

　세존이시여! 마땅히 이 경을 무어라 이름하오며 저희들이 어떻게 받들어 지녀야 하겠나이까?

▎부처님 왈

　이 경 이름이 '금강반야바라밀'이 이렇게 너희들이 마땅히 받들어 지니라. 왜냐하면 여래가 말한 반야바라밀이란 곧 반야바라밀이 아니라 이름이 반야바라일 뿐이기 때문이니라.
　수보리야, 너는 어떤 진리를 말한 바가 있는 것이냐.

▎수보리

　세존이시여, 여래께서 말씀하신 바가 없사옵니다.

▎부처님 왈

　수보리야! 너는 어떻게 생각하느냐. 삼천대천세계에 있는 모든 먼지의 수를 많다고 하겠느냐.

‖ 수보리

　아주 많사옵니다, 세존이시여.

‖ 부처님 왈

　수보리야 이 모든 먼지를 여래는 먼지가 아니라고 말한다. 이것은 이름이 먼지일 뿐이며 여래가 말하는 세계 또한 그것이 세계가 아니고 그 이름이 세계일 따름이니라.

　• 수보리야! 네 생각에 어떠하냐. 가히 서른두 가지 거룩한 몸매(三十二相)로써 如來를 볼 수 있겠느냐.

‖ 수보리

　아니옵니다, 새존이시여. '서른두 가지 거룩한 몸매(三十二相)'로서는 여래를 뵈올 수 없사옵니다. 왜냐하면 여래께서는 말씀하신 '서른두 가지 거룩한 몸매'는 곧 몸매(相)가 아니옵고 그 이름이 몸매이기 때문입니다.

‖ 부처님 왈

　수보리야 선남자 선여인이 항하의 모래 수와 같은 목숨을 바쳐 널리 보시한 사람이 있고, 또 어떤 사람의 이 경 가운데 네 글귀만이라도 받아 지녀서 남을 위해 설명해 주었다며 그 복이 앞의 복보다 심히 많으니라.

‖ 일법

　금강반야바라밀경은 금강석은 최고로 단단한 보석 중 보석이며, 반야는 시혜이고, 바라밀은 수행으로 즉 지혜를 수행하여 최고의 깨달음을 얻는 경이란 것이다.

　즉 금강반야바라밀경을 수지독송하면 불성, 진리, 진여, 진면목, 자성을 본다.

　"불성, 진여, 진리는 변하지 않기에 금강경이라 한다."

금강(能開) - 천하의 모든 것을 부술 수 있는 것이 금강석이다.
중생의 모든 번뇌망상(허상)을 금강경으로 여윈 것이요.
반야(觀照) - 지혜로 모든 것을 비추어 본다.
제상은 망견, 전도몽상, 연생, 연기로 자성이 없으니 지혜로 자성과 성품을 보는 것이 반야바라밀이다.

⚜ 일법 | 부처님이시여, 금강경을 수지 독송하면 어떤 이득이 있습니까?

| 부처님 왈

금강반야바라밀경을 수지독송하면 번뇌망상을 여의지 못함이 없고,
반야바라밀로 자성과 성품을 깨우쳐 망견을 떨어버리고 실상을 보는 것이다.
금강반야바라밀로 허상과 망견을 없애고 해탈의 경지에 이른다.
금강반야바라밀은 이름이 금강바라밀이요,
금강반야바라밀도 그대 마음이 만든 것이니 즉비반야바라밀이다.

⚜ 일법 | 부처님은 법을 어떻게 얻었습니까?

| 부처님 왈

나는 법을 깨치기 위해 전생(설산동자)에 몸을 보시했다.
　나찰과 설산동자의 대화
　나찰: 諸行無常 是生滅法이라.
　　　즉 행은 항상하지 않으니 생멸법이라.
　설산동자: 아! 이제야 느낌이 옵니다. 다음 구절을 듣고 싶습니다.
　나찰: 나는 배가 고프다.
　설산동자: 제 몸을 보시하겠습니다.
　나찰: 生滅滅己 寂滅爲樂

즉 생멸은 내 몸이요, 고요한 멸이 기쁨이다.
설산동자: 諸行無常 是生滅法 生滅滅己 寂滅爲樂
즉 죽고 살기에 無餘涅槃이다.

⚜ 일법 | 부처님이시여, 여래가 설한 법이 있습니까?

∥ 부처님 왈

여래가 항상 법을 설하고 있으나 중생이 듣지 못한 것이다.

법이란 그대의 마음이 만든 오음 작용이 법이다.

여래가 설하신 미진과 세계가 법이다. 그러나 그 이름이 미진이고 세계이다.

자연의 이치(법)는 설명할 수 없어 이심전심으로 전한다.

자연은 순환하고 있고 자연(미진, 세계) 하나하나가 법이다.

부처와 중생 그리고 마음(법)도 그러하니, 그 이름이 부처가 중생이요 중생이 부처이다.

부처와 중생을 마음이 만드니 부처와 중생과 마음은 삼위일체이고 삼불이다.

그러나 삼불이 허상이니 마음도 허상이고 법도 허상이다.

⚜ 일법 | 부처님이시여, 법을 볼 수 있습니까?

∥ 부처님 왈

볼 수 없다.

왜냐하면 중생이 만든 상이라 여래를 볼 수 없다.

물고기는 물속에 있으면서 물을 보지 못하고,

중생은 진리 속에 살면서 허상만 보고 진리를 보지 못한다.

(법답게 받아 지니라)

그러나 망견과 허상이란 법은 금강반야로 없앤다.
고해와 해탈은 죽음을 간직하느냐 죽음을 놓아 버리느냐의 차이이다.
생사 속에서 생사를 떠나는 것이 반야요 색즉시공이다.

• 중생이 부처인 줄 알고, 부처가 중생인 줄 알면, 그대는 중생이다.
중생은 보신불이요
중생은 법신불이요
중생이 화신불이다
금강반야바라밀경을 수지독송(바라밀)하면 모든 번뇌에 얽매인 생사고락인 이 언덕(사바세계)을 벗어나 고통 없는 이상세계인 열반의 저 언덕(극락세계)으로 건너간다.

일법 | 부처님은 법을 설 하셨습니까.

‖ 부처님 왈
　여증설법 무소설.
　즉 깨달음은 있는 것을 말한 것으로 내 주장은 없다.
　중생을 깨치기 위해 방편으로 말을 한 것이다.
　부처 대인 도인 성인은 깨달은 것만을 이야기하고 자기주장이 없다.
　도를 깨달은 사람은 다 그러하다.
　부처나 도인은 깨달아 중생을 깨닫게 하기는 하나 자신의 주장이 없이 전할 뿐이다.
　자신의 주장을 비우고 내려놓으면 무아이나 중생이 내 주장하면 무명이다.
　중생은 미진 세계 32신상으로 형상만 보고 자성을 보지 못한다.

❖ 일법 | 부처님이시여, 법이 무엇입니까?

❙ 부처님 왈

중생들아, 법을 논하면 번뇌망상이다.

연생법, 연기법, 무아법, 제상비상, 색즉시공등 모두가 마음이 만든 허상이다.

이 세상은 인연으로 말미암아 생겨났고 인연으로 말미암아 소멸한다.

이 삼라만상의 삼천대천세계가 모두 그와 같다.

그러니 무엇을 가지고 '미진'이라고 '세계'라고 '나'라고 이름 지을 것인가.

나아가 무엇을 가지고
'깨달음'이라고
'진리'라고
'여래'라고 이름 지을 것인가.
이 모든 것이 다 꿈이고, 신기루일 뿐이다.
하물며 여래의 32상호를 가지고 여래라고 이름 지을 수 있겠는가?

• 윤회와 무아를 논쟁하지 말라 이것도 법이다.

윤회는 윤회가 아니기에 윤회이고 무아는 무아가 아니기에 무아다.

말에 속지 말고 다투지도 말라 법 아닌 것도 법이다.

대자연은 끊임없이 설법하고 있지만 그것은 말로 표현될 수 없다.

그것이 말로 표현되면 논쟁을 낳는다.

그 무한한 설법 속에서 설한 법이 없기 때문에 그것이 참된 설법일 수 있는 것이다.

• 불성과 무아도 논하지 말라.

참 나와 나 없음의 논쟁도 망상이고, 불성이 있다 불성이 없다의 논쟁은 번뇌이다.
　불성이 불성이 아님을 알았을 때 불성은 드러난다.
　모든 존재는 불성이 있다.
　그러나 무아이다.
　고정된 실체로서의 '나'가 없다.
　'나'가 없는데 어찌 불성이 있겠는가.
　'나'가 없기 때문에 불성, 즉 참나가 있다.
　참나를 나와 같은 어떤 존재로, 어떤 모양으로, 어떤 실체로 인식한다면 그것은 참나가 아니기 때문이다.
　논쟁은 나와 너라는 대상이 있는 것이다. 논쟁하지 말라.
　금강반야바라밀을 깨치면 논쟁은 여읜다.

부처님 게송

꽃이 떨어지니 비단이 보이더라
금강반야에서 티끌 속에서 티끌을 여읜다.

너는 별 볼 일 없다
까불지 말라
너는 늙어가고 병들어 죽는다.
제상이 비상이라는 것을 깨달으면 죽음이 보인다.

꽃 떨어지니 비단이네
생각마다 상이다
제상이 비상인 줄 알면 해탈이다.

❈ 일법의 넋두리 "중생과 부처의 차이"

중생은 유심하고
부처는 무심하다.

일법은
사랑하고 미워하고
슬프면 엉엉 울고
기쁘면 하하 웃는 것이 좋다.
허어! 일법은 부처 되긴 글렀다.

❈ 어느 스님의 게송 "무제"

사람들의 근기에 따라 선을 행하도록 이끌기도 하고 선악을 다 놓도록 이끌기도 한다. 때로는 공을 설하고 또 때로는 有를 설할 수도 있다. 아무런 걸림 없이 아무런 분별 없이 이렇게 행하고 저렇게 행하시지만 그것도 그대로 진리의 행이다.

금강경14

離相寂滅

상을 떠나면 적멸이다(사상)

┃ 수보리

세존이시여!

제가 이 경을 보고 듣고 알고 믿어 받아 지니는 것은 어렵지 않사오나. 다음 세상의 중생이 경을 듣고 이해하며 믿어 받아 지닌다면 그 사람이야말로 참으로 제일 희유한 사람입니다.

왜냐하면 그 사람은 '나라는 생각'도 없고, '남이라는 생각'도 없고, '중생이라는 생각'도 없고, '오래 산다는 생각'도 없는 까닭입니다.

왜냐하면 이 사상의 절대 관념이 아니기 때문입니다.

왜냐하면 일체의 온갖 관념(상)을 다 여읜 것을 부처라 이름하기 때문이옵니다.

┃ 부처님 왈

그러하다. 만약 어떤 사람이 이 경을 듣고 놀라지 않고 겁내지 않고 두려워하지 않으면 이 사람은 참으로 희유한 사람이다.

수보리야! 왜냐하면 내가 옛날에 가리왕에게 베이고 사지를 찢길 적에 내가 그때에 나라는 생각, 남이라는 생각, 중생이라는 생각, 오래 산다는 생각이 있었다면 응당 성내고 원망하는 마음을 내었을 것이니라.

수보리야! 나라는 생각, 남이라는 생각, 중생이라는 생각, 오래 산다는 생각이 없으면 일체의 사상의 관념을 여의어 아뇩다라삼먁삼보리심을 얻었다.

수보리야! 형상에 끄달리지 말라, 일체의 관념(相)도 관념이 아니며 일체 중생이 한 것도 중생이 곧 중생이 아니니라.

수보리야! 여래는 眞理의 말을 하는 이며, 眞實을 말하는 이며, 眞如의 말을 하는 이며, 거짓말을 하지 않는 이며, 다른 말을 하지 않는 이니라.

(이때에 경의 칭찬과 좋은 점을 알고 수보리는 깨달음 알고 감격의 눈물을 흘렸다.)

⚜ 일법 | 부처님이시여 금강경의 7번째의 의문 "사상은 무엇입니까?"

▮ 부처님 왈

사상은 중생의 번뇌망상의 시작이다.

아상은 내 마음이 만든 탐욕으로 자기를 위함이요,

인상은 내가 바라보는 형상의 진심을 남에게 화를 냄이요,

중생상은 내가 만들어 낸 어리석은 법은 좋은 것은 내 것이고 나쁜 것은 남의 것이요,

수자상은 마음과 형상은 항상할 수 없는 것에 끊임없이 집착하여 괴로운 것이다.

사상 즉 일체 상을 여읨이 부처이고, 사상이 무상임을 통달하지 못하면 영원히 중생이다.

• 세친보살은 사상을 통달하는 것이 무상이라 했다.

무상을 통달하는 것이 지혜로 무주 묘용이라 했다.

상에서 상을 집착하지 않을 때가 지혜의 통달이다.

보배 보시는 신명보다 못하고 신명은 지경공덕 못하다.

무상을 통달하는 것이 최고로 지경공덕이고 부처다.

무상의 진실성은 진심이 청정하지 아니한 것은 진심을 구하기(상을 구함) 때문에 진심이 청정하지 않다고 설파하셨다.

일법 | 부처님이시여 반야심경의 어떤 구절이 사상입니까?

| 부처님 왈

般若波羅密多 是大神呪 是大明呪 是無上呪 是無等等呪

● 시대신주(아상)로 자신을 살펴서(자성) 지혜를 완성한 위대한 진리의 말(眞理)로 제법무아를 깨닫고,

● 시대명주(인상)는 자연현상을 보고, 위대한 깨우침의 참된 말(眞實)로 제행무상을 깨달아, 남(대상)이 자신이라는 것을 알고 남과 자신의 앞(마음)을 밝게 하여 번뇌에서 벗어난 깨달음에 이르게(凡에서 聖) 하여 어두움에 헤매고 있는 것을 벗어나 깨달음의 진리에 이르게 하는 것이 시대명주이다.

● 시무상주(중생상)는 자연의 이치를 알고, 더 위가 없는 (無上) 眞如이며 가장 귀중한 것으로 부처, 마음, 진리, 자성, 자연, 지혜이다.

여래의 마음은 최고로 겸손한 마음으로 중생이 번뇌에서 벗어나 깨달음에 이르러 열반에 드는 것이다. 이것은 마음에서 실천하는 보시행에 있다.

● 시무등등주(수자상)는 자연은 특별한 것이 아니고 지극히 보편적인 (無比) 眞言이다.

이것을 행(知行一體)하므로 최고의 진리(無比)에 이른 열반인 無上正等正覺에 오른 부처의 완성으로 절대의 존재로 우주와 같다.

• 사상을 알면 능히 일체의 괴로움을 제거할 수 있으며, 거짓이 없으므로 진실인 것이다.

중생을 구원하고 괴로움을 여의게하며 크게 이익되게 하여 원하는 바를 만족하게 하는 것이 구도자의 길이다. (법화경의 6권 제23장 약왕보살본

사품 3절)

　매화나 모든 화초가 비를 만나야 만개하듯이, 중생이 금강경을 수지독송하여 깨달아 행하고 실천하는 것이 지혜의 완성이다.

⚜ 일법 | 부처님이시여 사상을 없애는 방법은 있습니까?

∥ 부처님 왈

　상을 타파하는 길은 마음과 형상(색성향미촉법)이 본래 텅 비어 공하다는 사실을 깨닫는 것, 그것이 바로 지혜다.
　바른 지혜만이 무상과 무아를 깨달아 일체의 상을 타파하는 길이다.
　일체의 상이 타파될 때 삼독성의 탐진취가 소멸하여 그 어떤 집착의 대상도 없게 된다.
　그래야 자유롭다. 어디에도 걸림이 머무는 바 없고 집착할 것 없이 자유롭게 펄펄 나는 삶의 길을 내딛게 될 수 있다.

　• 사상을 타파하는 해답은 正念으로 身受心法(四念處)의 네 곳을 잘 관찰하고 지켜보아야 한다.
　첫째는 身念處로 육근이 머물러 있는 곳으로 즉 우리의 몸과 몸의 감각기관을 잘 관하는 것이다. (我相)
　둘째는 受念處로 육근과 육경이 만날 때 일어나는 것으로 즉 느낌, 감정을 잘 관하는 것이다. (人相)
　셋째는 心念處로 마음에서 일어나는 일체 모든 경계를 관하는 것이다. (衆生想)
　넷째는 法念處로 법에 대한 관찰을 말한다. (壽者相)
　이처럼 깨어 있는 비춤으로 관하게 되었을 때 색에도 성향미촉법에도 머물지 않고 마음을 낼 수 있게 될 때 사상은 없다.

❦ 일법 | 부처님이시여, 최고의 진리(아뇩다라삼막삼보리)는 무엇입니까?

| 부처님 왈

진리는 거창한 것이 아니라 보편적이고 평등하다는 것을 아는 것이다.

지혜의 완성을 위하여 우리가 날마다 살아가는 하루하루의 생활과 부딪히게 되는 일들에 자신을 바르고 엄격하게 규율하고 관하는 것이 최고의 진리이다.

일상의 보편적인 것에서 마음의 눈을 뜨고 몸으로 실천하는 것에서 반야의 지혜를 찾는 것이 최고의 진리이다.

즉 자기 마음의 자세만 좋아지면 모든 것 진실한 것, 착한 것, 거룩한 것은 인드라망처럼 얽히고설킨 것을 발견하는 것이 최고의 진리이다.

특히 자기에게 정신적인 아픔을 주고 심하게 구는 사람을 용서하고 아름다움을 찾는 것이 최고의 진실과 선이다.

• 진리를 알려면 마음의 카메라로 아름다운 것을 하루에 하나씩 찾아보아라.

마음의 카메라에 담겨있는 아름다운 것 하나가 최고의 진리이다.

❦ 일법 | 부처님이시여 이상적멸은 있습니까?

| 부처님 왈

적멸은 조용한 상태가 아니고 통찰한 것이다.

통찰은 집착의 차이를 아는 것으로 마음이 미혹하지 않는 것이다.

통찰은 상에서 상을 여의는 것이고 념에서 념을 여의는 것이다.

• 이상적멸은 일체 어떤 상에 머물러 보리심을 일으킨다면 그것은 참된 구도자의 길이 아니다. 수행자는 일체 모든 상을 타파할 수 있어야 한다.

'나'라는 상도, '부처'라는 상도, '진리'라는 상도, '참나'라는 거나, 불성이라는 거나, 주인공, 진아, 본래자성, 본래물 그 어떤 일을 가져다 붙일지라도 그것이 다 방편인 줄 알아야지 거기에 얽매여 집착하고 머물러 있으면 이상적멸이 아니다.

보살은 마땅히 일체의 상을 떠나서 아뇩다라삼먁삼보리를 일으켜야 이상적멸이다.

• 실상을 깨닫는 것은 상이 본래 상이 아님을 깨닫게 되면 그것이 바로 실상이다. 상을 여의게 되면 일체 그 어떤 상도 남지 않게 되는데 그것을 이름 붙여 실상이라고 방편으로 표현한 것이다.

불성은 일체의 상을 여의었을 때 드러나는 것으로 상이 없는 자리가 바로 불성이며 실상이고 이상적멸이다.

일법 | 부처님이시여 중생이 이상적멸할 수 있습니까?

부처님 왈

일체가 머무름이 없는 것이 사상을 여읨이고 이상적멸이다.
마음이 머무름이 있다는 것도 머무름 아니고
마음은 집착도 집착이 아니고 자동적 사고이다.
사실 마음이 집착과 머물러 있다는 것도 사실은 집착과 머무름이 아니다.

• 진리가 어디에 머무를 수 있겠는가? 그 어떤 것도 실체가 없고, 머물 주체가 없으며, 머물 곳이 없거늘, 어디에 머무를 수 있겠는가. 머물러 집착한다고 하지만, 사실은 집착할 만한 것도 없다. 집착이라는 것 또한 허망한 것이기 때문이다.

• 집착했지만 사실은 집착한 것이 아니다.

집착 없이 집착하고, 집착 없이 사랑하며, 집착 없이 아파하고, 집착 없이 즐거워하고 있을 뿐이다. 집착 없이 마음을 낼 뿐이다.

사실은 이처럼 우리는 집착 없이 살고 있다. 머물러 있다고 하지만 사실은 머무를 수 없이 살고 있다.

그렇기에 선지식 큰 스님들께서는 깨닫고 보니 깨달을 것이 없고, 닦을 것도 없으며, 집착을 버릴 것도 없고, 무언가 끊어낼 번뇌도 없다고 하셨다.

환상은 환상일 뿐이다.

• 우리는 이 자체로서 이미 다 이룬 부처이며, 진리 그 자체이고 離相寂滅이다.

진리를 깨달으면, 더 이상 깨달을 것도 없고 무언가를 구할 것도 없으며, 수행해서 진리를 깨닫겠다는 것도 다 허망한 말일 뿐이다. 깨닫고자 노력하고 애쓰는 그 자체가 벌써 어긋나 있는 것이다.

이미 우리는 본래부터 부처였으며, 본래 다 깨달아 있던 것이다.

본래부터 어디에도 머무르지 않고 마음을 내고 있었으며, 집착 없이 살아가고 있다.

우리가 머무름에 있다는 것도 사실은 자동적 사고로 머무르지 못한다.

아니 머무르고 싶어도 집착하고 싶어도, 머무르지 못하고 집착하지 못한다.

• 화엄경에서는 중생도, 마음도, 부처도 이 셋은 서로 차별이 없다고 했다. 중생이 '마음'을 닦는 과정을 통해 '부처'를 이룬다는 것 자체가 공한 것이다.

그러나 무엇이 중생이고 무엇이 마음이며 무엇이 수행이고 무엇이 부처인가. 다 꿈속의 일일 뿐이다. 다 신기루이고 물거품이며, 환상에 불과한 것이다.

• 불교는 어디에도 치우치지 않는 종교, 어디에도 고집하지 않는 종교, 그 자체에도 고집하거나 집착하지 않는 종교이다.

불교는 진리에도, 법에도, 부처에도, 깨달음에도 집착하지 않는다.

불교는 어디에도 집착하거나 머무르지 않는 종교로 열린 종교가 불교이다.

부처님이 얻은 진리는 실다움도 없고 헛됨도 없다. 이 얼마나 광대무변한 걸림이 없는 대자유의 설법인가. 도무지 이런 말은 진리 아니면 할 수 없는 말이다. 이것이 離相寂滅이다.

부처님 왈

'도인과 범부' 게송입니다.
도인과 범부의 차이
범부와 도인은 아픔을 느끼나
범부는 노하고 사상에 집착한다
도인은 진심을 내지 않고 사상을 離相한다

도인과 범부의 보시의 차이
범부는 바라는 마음에 집착하나
도인은 바라는 마음이 없이 이상한다

범부는 사상에 住相하여 집착하고
도인은 사상을 여의고 이상한다

부처님 왈

도인이라는 소문이 났어도 진심(화)이 닦이지 않았다면 공부를 제대로 한 것이 아니요 도인도 아니다. 도인의 단계란 화나는 일이 있으면 "아! 진심을 닦게 해 줘서 참 고맙습니다."하고 감사하는 마음이다.

한번 낸 화의 불은 무시 겁으로 쌓은 공덕까지도 태울 수이다. 진심으로 경계할 일이다. 이 단계를 넘어야 성불이고 離相寂滅이다.

깨달음이 어떤 모양이냐고 묻는다면 도무지 대답할 수 없는 일 아닌가, 모양 없는 모양을 어찌 모양으로 표현할 수 있겠는가, "오직 상을 여의는 것이다."

❈ 일법의 헛됨 "념"

?
……
!
으~ 하하하하하 미친놈

— 일법

持經功德

경을 지니는 공덕

| 부처님 왈

　수보리여! 선남자 선여인이 아침, 점심, 저녁에 백천만 억겁 동안에 항하의 모래 수만큼 몸으로 보시하는 것보다 이 경전을 듣고 수지독송하여 타인을 위해 해설해 줌이 그 복(법보시)이 저 복(재보시)보다 수승하므로 법보시가 최고의 공덕이다.

　• 수보리여! 이 경을 수지독송한 사람은 헤아릴 수 없고 일컬을 수 없이 끝없고 가히 생각해 볼 수 없는 공덕을 성취하게 된다.

　• 수보리여! 이 경을 수지독송한 사람은 아뇩다라삼먁삼보리를 짊어짐이 되어 소승에서 벗어나 대승을 위해 능히 해설하지 못할 것이 없다.

　• 수보리여! 이 경을 수지독송한 사람은 어떤 곳이든 일체 세간의 하늘과 사람과 아수라가 응당 탑을 모시는 곳이라 공양하고 절하며 에워싸고 돌면서 가지가지 꽃과 향을 그곳에 뿌린다.

일법 | 부처님이시여, 소승과 대승의 차이는 무엇입니까?

부처님 왈
소승은 법을 깨달아 열반에 드는 것이고,
대승은 법을 깨달아 중생과 함께 열반에 드는 것이다.

일법 | 부처님이시여, 금강경을 持經功德하면 어떤 공덕이 있습니까?

부처님 왈
금강경을 持經功德하여 사람을 위하여 법보시하는 것은 매우 중요하고 좋은 일로, 경전을 통해서 한 사람을 올바른 길로 인도하여 부처가 되게 하는 것이 큰 공덕이다.
첫째 공덕은 지묵경(문자경)으로 들어가 형태가 없는 경(반야경)을 깨치고 보살로 나온다.
둘째 공덕은 꽃이 피는 것(지묵경)을 보고 봄이 옴(반야경)을 알 것이요.
셋째 공덕은 나무가 흔들리니(지묵경) 바람이 부는 것(반야경)을 아는 지혜가 생긴다.

일법 | 부처님이시여, 금강경 持經功德 수행법을 말씀해 주십시오.

부처님 왈
세 가지 수행법이 있다.
첫째는 書寫로 사경은 있는 그대로 받아들이고 베끼는 작업으로 의심하지 말고 해석하지 말며 판단하지 말라. 다만 있는 그대로 내 안에 베껴야 한다.
둘째는 受持讀誦으로 몸으로 서사하며, 마음으로써 수지하며, 말로써 독송해야한다.

즉 마음으로 온전히 그 뜻을 받아들이고 이해하고 참된 앎이 되어야 한다.

그러나 경전에 대한 밝은 지혜 없이 입으로만 독송한다 한들 그것이 어찌 무위의 공덕이 될 수 있는가를 생각하라.

셋째는 爲人解說로 물결치고 꽃피우는 것을 일체 모든 중생을 위한 回向하도록 이끄는 수행이다.

즉 동체대비심으로 중생은 같은 몸이라는 자각하고 자비의 마음으로 내야 한다.

특히 깨닫고 난 뒤에 남을 위해 설법한다는 생각은 어리석은 분별심이다.

평상시 행동이 공덕이 되어야 한다.

일법 | 부처님이시여, 금강경 持經功德하면 어떤 즐거움이 있습니까?

부처님 왈

持經功德을 깨달아 베풀면 자신은 세 가지의 복덕을 얻는다.

持經功德하면 우리가 살면서 자연의 이치를 깨닫는 것은 최고의 충만한 기쁨이요 첫 번째 즐거운 복덕이다.

持經功德하면 내 마음이 충만하고 기쁘기 한량없으니 우리 몸은 기분이 좋으면 엔돌핀이 많이 나와 활력을 주어 건강에 좋으니 두 번째 즐거운 복덕이다.

持經功德하면 사람이란 받은 만큼 주고 싶은 마음이 있는 것으로, 주고받는 즐거움이 세 번째 즐거운 복덕이다.

그리고 극락으로 갈 수 있는 열쇠를 하나 더 덤으로 받는 즐거운 복덕입니다.

일법

중생들이여
사랑하는 것도 즐겁고

경을 지니는 공덕

사랑받는 것도 즐겁다네.
그러나 사랑하는 마음이 더 수승합니다.
중생을 사랑합시다.

❦ 일법 | 부처님이시여, 금강경 持經功德을 어떤 마음으로 깨우쳐야 합니까?

‖ 부처님 왈

"모든 것이 공하다."하는 것을 깨우쳐야 한다.

첫째는 베푼 주체인 나도, 베풀어 줄 상대도, 또한 베풀어 줄 것도, 전부 空하는 것을 앎이요.

둘째는 전체가 둘이 아닌 하나로써 그대로 나이고, 그대로 우주인데, 주고받는 일이 무엇인가 보시란 말 자체가 성립할 수 없는 것을 앎이다.

그러면 공덕이란 말 또한 텅 비어 사라지고 만다.

❦ 일법 | 부처님이시여, 초발심의 위대함은 무엇입니까?

‖ 부처님 왈

초발심을 발한 자는 걸림 없는 대자유와 대해탈의 열반을 얻고자 발심한 최상승의 중생이다.

그러나 초발심자가 버려야 할 것이 있다.

나는 깨닫겠다.

내가 깨달아 부처가 되겠다.

내가 깨달아서 많은 사람의 존경을 받겠다는 것은 아상이 생긴 것이다.

아상을 비추어 보고 놓아 버려야 한다.

중생은 스스로 만든 아상이라는 감옥 때문에 괴롭다.

그러나 그 감옥은 누가 만들어 놓은 것도 아니고, 누가 가두어 놓은 것도 아니다.

　스스로 실체 없는 감옥을 만들어 놓고 스스로 그 감옥에 가둬 놓았으며 그로 인해 스스로 아파하고 고통당하는 것이다.

　모든 것에 여여하라는 것이다.

• 지경공덕은 중생의 본질 자성을 깨닫는 것이다.

중생의 몸은 지수화풍이 인연 따라 모이면 생하고 사라지면 멸한다.

중생의 마음은 청정하나 육근이 육경을 만나 식을 만들어 번뇌망상한다.

이것이 중생의 본질이다.

나는 인간이라, 고로 생각한다.

이것이 중생의 자성이요.

이 본질을 깨닫기 위해 금강경을 수지독송하는 것이다.

여승의 자비의 마음

법당에 촛불 켜고 향 사르며
무간지옥 중생 쉬어 가라고
종치는 여승이여

부처님 전에 정한 수 떠다 놓고
중생들의 해탈과 행복을 빌며
목탁치고 염불하는 여승이여

중생과 부처가 하나 되길 바라며
피안을 건너라고 염원하고
합장 기도하는 여승이여

성동구 성수동 반야암에서

    - 여승을 바라보면서 일법합장

能淨業障

업장을 깨끗이 맑힘

| 수보리

이 경을 받아 지니고 읽고 외워서 설파하였는데, 남에게 업신여김을 당하는 연유가 무엇입니까?

| 부처님 왈

포교하면서 핍박과 박해를 받는 것은 이 사람이 전생에 지은 죄업이 많아 마땅히 다음 생에 악한 세상에 떨어질 것이지만, 금생에서 남에게 업신여김을 받음으로써 전생의 죄업이 소멸하는 영광과 축복을 받는 것이다.

| 수보리

전생의 죄업이 무섭습니다.

| 부처님 왈

포교 중에 핍박을 받는 것을 너무 슬퍼하거나 노하지 말고 부처님을 원망하지 말라. 후생의 아승지겁을 생각하고 기뻐하고 부처님을 찬미하고 고통을 영광으로 생각하라.

‖ 수보리

중생의 마음이 어찌 如如할 수 있습니까?

‖ 부처님 왈

이 경을 수지독송하고 부처님을 공양하듯이 중생을 위하여 이 경을 설하던 중에 어리석은 중생들의 핍박을 받아도 헛됨이 없이 아뇩다라삼먁삼보리를 얻을 것이다.

※ **일법 | 부처님이시여 업이 무엇입니까?**

‖ 부처님 왈

지금 살고 있는 삶은 전생에 지은 과업에 따라 사는 것이고, 현생의 삶이 쌓여서 후생에 업으로 나타난다.

속된 말로 액땜하는 것이다. '죄업의 소멸(업보해탈)'로 재앙이 일어났다고 기분 나쁘고 불쾌하게 생각지 말고 즐거운 마음(항심)으로 받으면 아뇩다라삼먁삼보리를 얻게 된다.

- 전생의 무서운 업장을 비유로 설하겠다.

어느 분의 고아원 원장 시절과 초등학교 교장 시절의 말씀이다.

고아원생들은 원장을 보고 피하며 인사를 하지 않으나, 초등생들은 쫓아와 인사를 하는 것이다. 알고 보면 고아원생들은 전생에 배은망덕하여 현생에서 조실부모한 것이나 초등생들은 부모에 효도하여 부모의 보호 속에 자란 것이다.

이것은 과거(전생)의 행원에 의해 현생에 나타난 것이다.

❈ 일법 | 부처님이시여, 어떻게 업장 소멸할 수 있습니까?

부처님 왈

수행자는 업의 고난과 고통이 와도 긍정의 마음, 수용의 마음, 신심의 마음으로 나를 놓아 버리고 내 안의 본래 자리에 완전히 믿고 맡기는 것이 업장 소멸하는 것이다.

이것이 아상을 타파하는 가르침이며 완전히 아상을 깨고 참나를 발견하는 가르침이다.

그리고 금강경을 수지독송하여 아상을 완전히 타파했을 때이다.

그 자리가 금강경 수지의 자리가 되며 그때 헤아릴 수 없는 뜻도, 헤아릴 수 없는 과보도, 그대로 하나로 어우러져 광대한 法海를 이루는 것이 업장 소멸이다.

❈ 일법 | 부처님이시여, 기독교의 부활과 불교의 윤회(업)와 공자의 유교는 무엇이 다릅니까?

부처님 왈

기독교의 부활과 불교의 윤회(업)는 용서의 차이와 공자의 죽음이다.

기독교의 부활은 하나님과 예수님을 믿고 선을 행해야 천국에 갈 수 있고, 믿지 않고 악행을 행하고 죽는 자는 지옥행이다. 죽은 자는 천국과 지옥에서 부활하여 영원히 거하며 용서란 없다.

불교의 환생은 중생의 인과에 따라 부처, 보살, 벽지불, 성문승, 천인, 중생, 아수라, 축생, 지옥에서 태어났다가 죄업이 소멸하면 그 과보에 따라 다시 태어나는 것을 윤회라 한다.

유교의 죽음에 대한 공자님과 제자의 대화이다.

제자: 선생님 귀신이란 것이 있습니까?

공자님 왈: 너는 인간에 대해 얼마나 알고 있느냐.

제자: 귀신이 무엇입니까?

공자님 왈: 너는 인간도 잘 모르면서 귀신을 궁금해 하느냐. 인간을 먼저 공부해라.

제자: 죽으면 어떻게 됩니까? 죽음이 너무 두렵습니다.

공자님 왈: 너는 삶도 잘 모르면서 죽음을 궁금해 하느냐. 너는 지금 잘 살아라.

∥ 부처님 왈

현재는 너무 복잡하여 현생의 과보는 현생에 나타난다.

지금의 마음이 부처도 보살도 벽지불도 중생도 아수라도 축생도 지옥도 현생의 과보라는 것이다.

현생을 잘 살아야 행복하고 후생도 행복하다.

❀ 일법 | 부처님이시여, 업(인과응보)이 생기는 원인이 무엇입니까?

∥ 부처님 왈

업은 전생과 현생의 연기이다

"모든 것이 서로 의지하여 일어난다. 이것이 있기에 저것이 있고, 이것이 멸하기에 저것도 멸하는 것이 업이다."

- 불법은 연기법이라 해도 과언은 아니다.

내가 처음 법을 설한 초전법륜도 연기법이요,

마음의 작용 오음, 공, 사성제, 12처, 18계, 12연기도 연기법이요,

중생이 살고 죽는 것도 연기요,

자연도 모든 이치(법)도 연기요,
세상만사가 돌아가는 이치가 연기법이고 업이다.
생사윤회도 업이요, 인과응보도 업이다.

☙ 일법 | 부처님이시여, 왜 중생은 근심 걱정 놔 버리지 못합니까?

‖ 부처님 왈
중생의 어리석음 때문이다.
중생의 제일 어리석은 일은 과거에 집착하는 것이다.
현재도 벅차다 과거를 붙잡지 말고 아직 오지 않은 미래에도 집착하지 말라.
놔 버려라.
그러면 마음이 편안할 것이다.

업은 연기다.
과거가 있어야 오늘이 있고,
오늘이 있어야 미래가 있다.
흘러가는 대로 그냥 두어라.
그러면 마음이 편안할 것이다.

☙ 일법 | 부처님이시여, 중생은 편안하고 행복하지 못합니까?

‖ 부처님 왈
여여하지 못함 때문이다.
여래라는 것도, 부처와 중생이라 하는 것도 모든 법에 있어 如如한 것을 말한다.
여여하다는 것은 어떤 법에도 집착함이 없고, 어떤 법에도 머물지 않고,

그 모든 법을 나투고, 그 어떤 법도 자유자재하게 거할 수 있다는 것을 말한다.

나투는 모습은 이렇게도 저렇게도 나툴 수 있지만, 늘 한결같이 본래의 바탕 자리를 잃지 않는다.

• 우리의 본바탕은 늘 여여한 불성 그대로이다.

우리 자신이 그대로 부처요, 자성불이며, 법신불인 것이다.

여래로서 늘 여여한 본래 그대로의 성품을 가지고 있다.

모든 법에 있어 늘 여여해야 한다.

어떤 모습에도, 어떤 곳에서도, 어떤 법에서도 본바탕에서는 늘 한결같은 여여한 성품을 잃지 않는다.

오감이 여여하고 자성이 청정하니 본래불(마음)도 여여하다.

사실은 수행도 필요 없고, 깨달음도 나아가고자 하는 그 어떤 노력도 필요 없다.

能淨業障은 무아법을 바로 보는 순간 내가 깨닫는 것이 아니라 본래 여여한 여래였음을 알게 되는 것이다.

🍀 부처님 천당과 지옥이 있습니까?

| 부처님 왈

암! 천당과 연옥은 있다.

천당과 지옥에 집착하면 연옥문이 활짝 열리고,

천당과 지옥을 놔 버리면 천당문이 활짝 열린다.

내 업장 속의 "그리운 어머니"

나는 꿈속에서 속옷을 잃어버려 항상 벌거벗은 채 헤매다가 꿈에서 깨어나곤 하였다.

오늘 밤도 꿈속에서 또 빤쓰와 런닝을 잃어버려 꼼짝달싹하지 못하고 있었다.

어머님이 홀연히 나타나 화려한 내복을 주시고 가셨다.

한 번도 꿈속에서 나타나지 않았던 어머니……

그 후에는 꿈속에서 빤스와 런닝을 잃어버리고 안절부절하는 일이 없었다.

엄니 그리워요.
엄니 불효했던 것은 용서하십시오.
엄니 홀가분한 마음으로 불경 공부를 마치겠습니다.
엄니 금강경을 깨달아 중생들의 수지독송에 조금 보탬이 되게 하겠습니다.
나를 사랑하는 그리운 어머님……

엄~니, 엄~니!
이생에 큰 빚 졌으니
다음 생에서는 내 자식으로 태어나세요.
조금이라도 엄니 은혜 갚게……
그리운 엄니.

- 어느 아침 일법거사

究竟無我
수행의 끝은 나는 없다

▌ 수보리

세존이시여, 선남자 선여인이 아뇩다라삼먁삼보리심을 일으킨 이는 마땅히 깨달은 마음을 어떻게 머물며 번뇌의 마음을 어떻게 항복받아야 하나이까.

▌ 부처님 왈

수보리여, 선남자 선여인이 아뇩다라삼먁삼보리심(正等覺知)을 일으킨 이는 마땅히 이처럼 마음을 낼 것이니.
• 수보리여!
첫째는 일체중생을 다 제도(멸도)하지만 실은 한 중생도 제도 된 자가 없다는 것이요.
둘째는 어떤 진리가 있지 않은 경계에서 아뇩다라삼먁삼보리를 일으킨 것이요.
셋째는 여래라 함은 모든 法이 如如하여 같다는 뜻을 아는 것이요.
넷째는 일체법이 불법이나 일체법이 아니라 이름뿐이라는 것을 아는 것이다.

일법

여여하다는 것은 자연에는 일체법이 있는 것이 아니고 자성이 있어 그냥 흘러가는 것이다. 이것을 진여 불성 자성 자연이 여여하다는 것이다.

❧ 일법 | 부처님 무아법이 무엇입니까?

부처님 왈

諸法無我(마음의 변화)는 모두 변하는 것에 자아의 실체(주체)가 없다는 무아의 가르침이다.

즉 만물을 시간으로 관찰할 때 無常인 것과 같이 공간으로 볼 때는 無我라는 것이다.

모든 것은 항상 변하며 이것은 그 조건에 말미암은 것이다. 즉 인연 따라 생긴 것은 인연이 다하면 흩어지기 때문에 고정불변한 실체란 없다.

무아의 가르침은 우리에게 자기중심적 사고와 아집이 허망한 것임을 가르친다. 자신을 포함한 어떤 존재도 영원한 것이 없기에 생각과 사물 역시 그러하다. 아집과 소유욕을 없애면 인연으로 형성된 존재의 실상을 깨칠 수 있다. 모든 삶과 사물의 화합과 평화를 앞당길 수도 있을 것이다.

스스로 생하지 못하고 번성하지 못하고 멸하지 못하여 실체가 없다. 진여일 뿐이고 무아이다.

❧ 일법 | 부처님이시여, 무아법을 알기 전에 아를 가르쳐 주십시오.

부처님 왈

그렇다 아를 알아야 무아를 알 수 있는 것이다. 잘 들어라.

나라는 상이 근본이 되어 일체 모든 상이 만들어진다.

쉽게 말해 "나다.", "내 것이다.", "내가 옳다."라고 하는 아상이 있어 나와 너를 둘로 나누는 분별이 있게 되고, 인간(나)과 자연(형상)이, 또 생사와 열반이, 중생과 보살을 나누는 분별들을 비롯한 일체의 분별 망상이 시작되는 것이 아상이다.

- 아상은 이 몸과 마음을 가지고 '나'라고 생각한다.

아상으로 인해 분별의 시작이 집착으로 이어지고, 일체 모든 괴로움이 시작된다.

아상 타파가 불교 수행의 요체요, 무아의 실천이고 연기, 공, 무의 시작이다.

아상의 세부적인 것은 "나다(아상).", "내 것이다(인상).", "내가 옳다(중생상)."이다.

- "나다." 하는 것은 몸과 마음을 나라고 착각하는 분별이다.

몸은 지수화풍이 인연 따라 내 몸으로 화했을 뿐이고,

마음 또한 생각이 인연 따라, 상황 따라 끊임없이 오온의 작용으로 정해진 것 없이 변하는 허망한 것이 나이다.

- "내 것이다." 이것도 내가 소유하고 있는 일체 모든 것(대상, 형상)을 내 것이라고 착각하는 분별심이다.

소유의 주체인 나라는 것이 공하고 무아일진대, 어찌 소유의 관념이 생겨날 수 있겠는가.

내 것이란 물질은 잠시 인연 따라 나에게 왔다가 인연이 다하면 흩어지는 무상한 것이 내 것이다.

- "내가 옳다."라는 것도 내가 옳다는 생각이나 가치관이 옳다고 여기는 어리석음은 분별심이다.

우리가 내 사상, 내 가치관, 내 철학관이라고 생각하는 일체 모든 견해도 모두가 다른 사람과 자연의 것이다. 배운 것, 보고 들은 것, 책에서 읽은 것,

그도 아니면 좁은 경험으로 몇 번 체험한 것에 대해 나름대로 해석한 것에 불과하고 이는 어리석은 분별심이다.

• "아상의 실체"는 우리 안에서 나와 상대를 나누는 일체 모든 분별이 아상이다. 아상에서 벗어나야 나도 없고 상대도 없는, 내 것도 없고 상대 것도 없는, 내가 옳고 그름도 없는 무분별의 절대 깨달음을 맛볼 수 있다.

일법 | 부처님이시여, 아법의 형성과정을 설하여 주십시오.

‖ 부처님 왈
일체유심조가 아상을 만든다. 육근과 육경의 경계에서 아상이 생긴다.
청정한 마음의 무지로 나와 대상(형상)의 오온이 작용하여 형성된 것이 아다.
마음이 오음(五陰), 십이처(什二處), 십팔계(十八界)와 인연이 화합하여 허망하게 생기는 것이 나이며, 인연이 다하면 흩어져서 허망하게 없어지는 것이 나이다. 아가 생멸하는 과정이 아법의 형성과정이다.

• 존재와 인식의 법(諸法論)이 아법의 형성과정이다.
즉 五蘊, 十二處, 十八界의 三科說과 육육법, 육계설을 연기가 되는 존재의 실상을 구체적으로 밝혀주는 범주가 인식의 법이 아법의 형성과정이다.
일체의 모든 법, 일체의 모든 존재에 고정된 실체적인 관념이 있다는 것이 아법 형성과정이다.

• 우리가 경험하고 있는 현실 세간의 인연으로 존재를 의식함에 따라 色과 名이 생기고, 세계(객체)가 있어 나(주체)라는 관계가 형성되어 자아, 행위, 세계가 분류되는 과정이 아법의 형성과정이다.
깨달음, 부처, 멸도, 해탈, 불국토, 수행, 중생제도, 법을 얻음, 진리 등은 나라는 것에 집착하여 아상이 생기는 것이다.
　허망한 상(나)이 나투는 법칙은 인연법, 연기법, 인과응보의 인연에 의해 아상이 생긴다.

- 마음이 본래는 중생과 하나이듯, 마음이 부처가 되려고 애쓸 필요가 없다. 본래 부처이고 중생이 마음이다. 우리가 중생이니 부처가 되겠다고 애쓸 것 없다. 본래물이 마음인 것이 아법이다.

- 자신의 성품을 잘 관찰해보라.
　있는 그대로 인연 따라 변화하는 자신의 모습을 잘 관찰했을 때 그 이면에는 본래부터 고요했던 해탈, 열반, 적멸의 자리가 있다는 것을 깨닫게 된다.
　응무소주 이생기심
　마음을 내되 머무는 바가 있어서는 안 된다.
　아니 머물지 못하는 것이 나이다.
　그런데 중생은 머물러 나를 형성한다.

일법 | 부처님이시여, 나와 무아가 무엇이 다릅니까?

| 부처님 왈
　나를 정한 바 없는 법이니 한 법도 없는 법이요.
　일체법이 즉비일체법이니 시명일체법이다.
　나는 시명일체법이 허상인 무아다.
　중생을 어떤 모습을 가지고 나라고 정할 것인가.

- 분별심이 생겼을 때가 나인가.
　오온의 조합 속에 이루어진 '나'는 있는 것이나,

궁극적인 실체로 유지하는 '나'는 없는 것이다.
나는 특정한 실체는 존재하지 않는다.
모든 것은 조건(분별심)에 의해 이루어진 것이 나이다.
무아는 조건(연기법)이 없다.
그러나 나 너, 나의 것이 있는 것 없는 것(법, 마음)의 조건이 我이다.

• 어떤 생(언제)이 나인가.
고정된 실체(과거, 현재, 미래)가 없는 나, 고로 나는 없다.
나라는 그 어떤 법도 없기 때문에 나는 사람도 될 수 있고 동물도 될 수 있고 바람도 구름도 풀도 벌레도 될 수 있어 무아다. (윤회)
무아이기 때문에 인연 따라 그 어떤 것도 될 수 있는 것이다.
이것이 바로 무아법이 말해 주는 정한 바 없는 법이고 한 법도 없는 법이다.
마음이 있으면 내가 있고, 마음이 없으면 나도 사상도 없다.

• 대상이 있을 때 나인가.
모든 물질의 대상이 있을 때 내 것이라는 내가 형성된다.
"대상이 없으면 이것은 나의 것이 아니며 이것의 나 자신도 사라진다."
바른 지혜를 보는 사람은 대상에 집착 없는 해탈에 이른다.

❋ 일법 | 부처님이시여! 그러면 무아법은 무엇입니까?

| 부처님 왈
나라는 것은 청정한 마음이 온, 처, 계의 작용으로 표현된 여러 가지 계기(인연)에 의해 일어나 공한 것(아)이 허망한 것(상)을 만드니 나라는 것은 허망하고 공하니 무아이다.
나의 실체는 삼법인으로 제행무상, 제법무아, 일체개고이다.

나는 항상하지 않고 고정된 실체로서 자아가 없어 나는 곧 괴롭다.

나라는 주관도 상대라는 객관도 항상하지 않고 고정된 실체가 없어 무아라 괴롭다.

자성이 없어 연이 있어야 생기니 무아요,

깨달음, 부처, 멸도, 해탈, 불국토, 수행, 중생제도, 법을 얻음, 진리 등은 나라는 아상이 집착된 것이다.

무아법을 깨달아 나라는 아상을 여의어야 한다.

범소유상 개시허망 (일체 모든 상이 있는 것은 허망한 것이다)

허망한 상이 나투는 법칙은 인연법, 연기법, 인과응보다.

일법 | 부처님이시여, 무아법을 알기 쉽게 비유를 들어 주십시오.

부처님 왈

첫째는 객진번뇌는 내가 설한 초전법륜이 무아법이다.

텅텅 빈 집(청정한 마음)에 손님(세계, 형상)이 들어와 주인행세(번뇌망상)를 한다.

청정한 마음에 삼라만상이 들어와 번뇌망상을 만든다.

빈집이나 청정한 마음에는 실체가 없고, 손님이나 삼라만상에는 자성이 없다네.

실체가 없고 자성이 없는 것이 허망한 나를 만들어 없는 나를 괴롭힌다.

그래서 내가 최초의 설법에서 무아법을 설파한 것이다.

- 둘째는 몸과 마음에 대한 연생법(연기)이 무아법이다.

몸은 지수화풍의 인연 따라 육체가 연생으로 아가 생겼으니 무아고,

청정한 마음이 오온(색수상행식)의 인연으로 마음이 연기로 생겼으니 무아이다.

몸과 마음은 인연이 있어 실체가 없는 아가 인연 따라 허망하게 생겼으

니 무아이다.

주체인 근(안이비설신의)이 객체인 경(색성향미촉)을 접촉하여 오온의 작용으로 나를 형성하니 연생법이 무아이다.

모든 존재(경)의 요소는 주체인 나의 오온은 서로 의지해서 조화롭게 형성되어 존재하고 개체의 정체성은 보장하면서도 어떠한 실체는 존재하지 않아 무아이다.

무상은 시간적 인식이고, 무아는 공간적 인식의 연기법으로 무아법의 기초이다.

• 셋째는 본래물(청정한 마음, 자성, 자연)이 무아이다.

물이 바다(물결)가 되려고 애쓸 필요가 없이 물도 본래는 바다(물결)와 하나이듯, 우리는 중생이 부처가 되겠다고 애쓸 것 없는 본래 부처이고 중생인 것이다.

자신의 성품을 잘 관찰해보면 실체가 없다.

있는 그대로 인연 따라 변화하는 자신의 모습을 잘 관찰했을 때, 그 이면에는 본래부터 고요했던 대적멸의 자리가 있다는 것을 깨닫는다.

應無所住 異生起心 (마음을 내되 머무는 바가 있어서는 안 된다)

아니 머물지 못하는 것이 본래물 마음이다.

본래불이 머물지 못하니 무아이다.

• 넷째는 諸法空相은 무아법이다.

삼라만상과 청정한 마음이 삼과의 작용으로 없는 아가 생겼으니 무아법이다.

생노병사는 마음이 만든 법이니 불생불멸을 깨달은 법은 법무아이다.

이 세상의 모든 것은 자성이 없는 형상은 재행무상이고, 실체가 없고 나는 제법무아로 나를 만드니 무아법이다.

주체와 객체가 허망하니 일체법이 허망하고 불법도 허망하므로 무아법이다.
반야바라밀에서 무아법을 깨달아라.
무아에서 무주상보시하고 무주상보시에서 무아법을 수행하라.

• 다섯째는 제법과 무아이다.
법이 있어야 내가 있고, 법이 있어야 나의 것이 있다.
일체법은 내가 만드니, 나와 내 것은 내 마음이 만들었다.
일체법을 만들지 않으니, 나와 내 것이 허공으로 날아갔다.

아! 일법은 언제나 무아의 법을 통하고 제법에는 자성이 없음을 알까?
손녀와 놀다, 손녀의 재롱에 세월 가는 줄 모르고 손녀에 빠졌다네.
이것이 무아가 아닐까요.

• 여섯째는 나와 관계의 무아법이다.
나를 정한 바 없는 법이니 한 법도 없는 법이요
일체법이 즉비일체법이니 시명일체법 뿐이니 나는 시명일체법인 허상인 무아다.
나는 조건에 의해 이루어진 것이니 분별심이란 법이 없으면 존재가 없으니 무아이다.
고정된 실체가 없기에 나는 그 어떤 법에 머물지 않기 때문에 나는 사람도 될 수 있고, 동물도 될 수 있고, 바람도 구름도 풀도 벌레도 될 수 있는 것이다.
이것이 바로 무아법이 말해 주는 정한 바 없는 법이고 한 법도 없는 법이다.

무상은 시간적 인식이고, 무아는 공간적 인식으로 언제가 어느 것이 나인가?
부처님은 시공을 초월한 나에 대해 "이것은 나의 것이 아니며, 이때도 내가 아니면, 이것은 나 자신이 아니다."라며 바른 지혜를 보는 사람은 집착 없는 해탈에 이르니 무아다.

• 일곱째 마음(청정불, 법신불)과 무아의 깨달음.
불성을 깨달으신 스님께서 자성은 이름일 뿐이니 고정 짓지 말라 했다.
산도 부처요 강도 부처요. 나무, 풀, 바람, 태양, 짐승 사람 곤충 심지어 범죄자까지 부처의 본래 모습은 원만히 구족되어 있어 모두가 부처이다.
즉 부처는 어떠한 법도 있지 않은 경계를 말한다.
내 마음이 정해지지 않으면 아무것도 없다.
부처, 보살, 벽지불, 성문, 천인, 인간, 짐승 등으로 생 한 것은 부처님과 중생이 생 한 것이 아니라 내 마음이 나타낸 것이다.
실체가 없는 나 자신의 모든 것을 만드니 무아요.
정해지지 않아 그 어떤 것도 될 수 있어 무아이다.

• 여덟째는 사상과 무아법.
아가 있어야 사상이 생긴다.
사상은 대상이 있어야 아상(탐욕), 인상(진노), 중생상(취사), 수자상(애착)이 생긴다.
사상도 연기법이 있어야 생기니 무아이다.
사상을 알고 깨치는 것이 반야바라밀이다.
집착하지 않는 것이 반야의 사상을 통달한 것이다.
사상을 여의면 해탈이요 부처다.

• 아홉 번째 무아법은 허망한 것이다.
일체 모든 것이 불법이 아니고 어떤 특정한 것만이 불법이라면 어떤 깨달을 '법'이 있다고 말할 수 있을 것이지만, 일체 모든 법이 다 불법이라면 거기에 어떤 것만을 정하고 택해 깨달아야 한다는 특정한 법은 없다.

진리라는 특별한 진리도 없다.
일체법이 즉비일체법이니 시명일체법이다.
그래서 허망한 것이 무아다.

❋ 일법 | 부처님, 중생이 구경무아 경지에 오를 수 있습니까?

‖ 부처님 왈

자연이 여여하는 것을 알면 무아경지에 오를 수 있을 것이다.
여래라는 것, 부처라 하는 것은 모든 법에 있어 如如한 것을 말한다.
안이비설신의와 색성향미촉법의 자체는 자성이다.
왜 자성인가, 변하지 않기 때문에 여여하다.
어떤 법에도 집착함이 없고 머물지 않지만, 그 모든 법을 나투고 그 어떤 법도 자유자재로 거 할 수 있다는 것을 말한다.
나툰 모습은 이렇게도 저렇게도 나툴 수 있지만, 늘 한결같이 본래의 바탕 자리를 잃지 않는다.

• 우리의 본바탕은 늘 여여하다는 것을 아는 것이다.
여여한 우리 자신이 그대로 부처요, 자성불이며, 법신불인 것이다.
중생은 여래로서 늘 여여한 본래 그대로의 성품을 가지고 있다.
모든 법에 있어 늘 여여하다.
어떤 모습에도, 어떤 곳에서도, 어떤 법에서도 본바탕에서는 늘 한결같은 여여한 성품을 잃지 않는다.
본래 본래불(마음) 자성이 청정하니 오감이 여여하다.
모든 것이 여여하니 사실은 수행도 필요 없고, 깨달음도 나아가고자 하는 그 어떤 노력도 필요 없다.
무아법을 구경에 바로 보는 순간 내가 깨닫는 것이 아니라 본래 여여한 여래였음을 알게 되는 것이다.

❈ 일법 | 부처님 무아법을 깨달으면 해탈(적정열반)할 수 있습니까?

∥ 부처님 왈

무아법의 증득이 가져다주는 것은 대해탈, 대자유의 깨달음이다.

내가 없다는 무아의 가르침은 나와 남, 인간과 자연, 인간과 신, 중생과 부처, 생사와 열반, 삶과 죽음 등의 그 어떤 나눔도 용납하지 않는 진리를 대변한다.

무아법을 체득한 보살은 중생을 구제한다는 상을 가질 수 없다.

구제할 중생도 없고 구제할 내가 없기에 구제라는 말도 사라진다.

• 해탈이 정등각지의 경지이다.
중생을 열반에 이르게 하는 것이 正等覺知를 수기유지이다.
중생이 멸도 후에는 아인사상에 머물지 말라.
아뇩다라삼먁삼보리심란 법이 없고 이름일 뿐이다.
여래가 연등불 처소에서 법이 있어 정등각지를 얻은 것이 아니다.

• 그렇다 법이 없는 정등각지를 얻었기에 연등부처님께서 나에게 수기하기를 "네가 오는 세상에 마땅히 부처를 이루어 석가모니 불이다."라고 하셨다.
까닭인즉 여래라 함은 모든 법이 여여하다는 뜻이다.
정등각지, 불법, 사람 몸의 장대함, 자연 등은 이름일 뿐 자성은 없다.
正等覺智는 실다움도 없고 헛됨도 없어 일체법이 다 불법이니 여여하다.
보살이 무아의 법을 통달한 자이면 여래는 이름 참다운 보살이라 이름하느니라.

• 해탈문(不二門)은 깊고도 묘한 뜻을 가진 문이다.
해탈문은 "중생과 부처가 둘이 아니다."라는 것을 안다. (마음에서 시간.)

해탈문은 "번뇌와 보리도 하나다."라는 것이다. (마음에서 나온다.)
해탈문은 "생사와 열반도 하나다."라는 것이다. (자연에서 왔다가 자연으로 돌아간다.)
해탈문은 "空과 色도 하나다."라는 것이다. (사속에 리가 있다, 諸行無常.)
해탈문은 "그리고 너와 나는 둘이 아니고 하나다."라는 것이다. (자연에서 왔다가 자연으로 돌아가는 것. 그리고 내 마음이나 네 마음이나 하나다.)

- 게송이다.

자성(마음)은 청정하니 오감이 여여하고 오경도 여여하여,
오온이 작용하여 십이처 십팔계가 허망한 법을 만든다.
그러므로,
일체법이 불법이다.
주체와 객체가 허망하니,
일체법이 허망하고, 불법도 허망하다.
일체법과 불법이 무아법이다.

진리와 법에 고정 짓지 말라.
형상은 항상하는 것이 하나도 없으니 무상으로 형상에서 생긴 것이 인상이요,
나는 고정된 실체가 없으니 내가 없으니 무아이나 법에서 아상이 생긴 것이요,
형상과 나는 무상과 무아이므로 고정 지을 것이 없다.
그렇기에 그 어디에도 집착할 것이 없다.

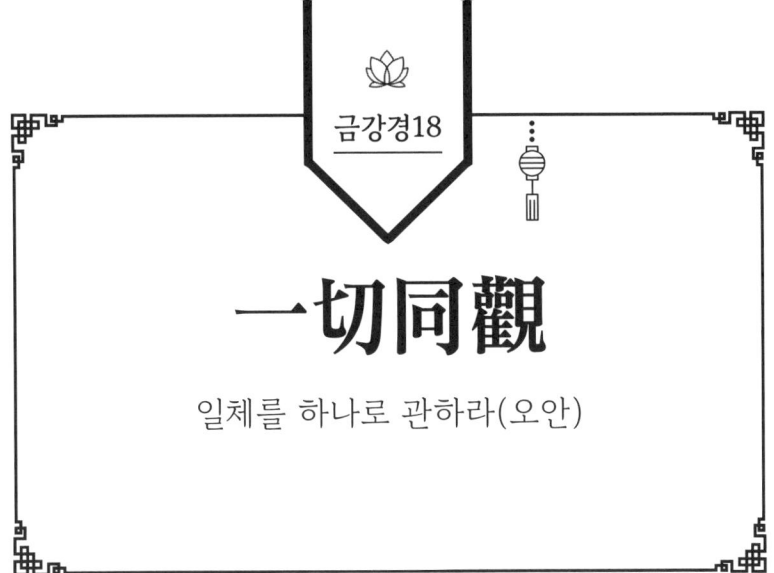

| 부처님 왈

수보리야! 너는 어떻게 생각하느냐.

여래가 肉眼, 天眼, 慧眼, 法眼, 佛眼이 있느냐?

| 수보리

세존이시여! 그러하옵니다.

여래께서는 육안, 천안, 혜안, 법안, 불안이 있습니다.

| 부처님 왈

수보리야, 너는 어떻게 생각하느냐.

저 항하 가운데 있는 많은 모래를 여래가 말한 적이 있느냐

| 수보리

그러하옵니다. 세존이시여, 여래께서 항하의 모래를 말씀하셨습니다.

∥ 부처님 왈

　저 많은 불세계 가운데 있는 모든 중생의 갖가지 마음을 여래가 다 아느니라.
　무슨 까닭인가 하면 여래가 설한 모든 마음은 다 마음이 아니고 그 이름이 마음이기 때문이다(제심이 비심이다).

∥ 부처님 왈

　수보리야, 그 까닭은 지나간 마음도 얻을 수 없고(과거), 현재의 마음도 얻을 수 없으며, 미래의 마음을 얻을 수 없기 때문이다.

　일법의 自然觀
　첫째, 세상에 존재하거나 우주의 인연으로 이루어지는 모든 존재의 상태를 자연으로 본다.
　둘째, 사람의 힘을 더하지 않은 천연 그대로 존재(산, 강, 바다, 식물, 동물, 사람, 도시 등)를, 자연을 벗 삼는다. 아니 인간의 힘이 더해진 것도 자연으로 벗으로 삼는다.
　셋째, 스스로 존재하거나 인연으로 이루어진 것이 자연이다.
　스스로 그렇게 있는 것을 여래는 말씀하신 것이다.
　자연에는 육안, 천안, 혜안, 법안, 불안이 다 들어 있다.
　중생이 자연을 一切同觀하는 것이 깨달음의 경지이다.

※ 일법 | 부처님이시여, 일체동관의 눈은 어떤 눈입니까.

∥ 부처님 왈

　마음의 눈 肉眼, 天眼, 慧眼, 法眼, 佛眼의 오안이 일체동관의 눈이다.
　첫째는 肉眼으로 사물을 그대로 보는 것으로 육신의 눈(일차적 감각 = 보통의 눈)이다.

중생이 오온(12처 18계)을 통하여 만든 식 혹은 세계, 경계로 모든 갈등과 시비와 어리석음 때문에 번뇌가 생긴다.

둘째는 天眼으로 눈에 보이지 않는 어떠한 현상계를 보는 눈(내부를 보는 눈, 벽 넘어 보는 눈, 짐승 새 등 울음에서 그 무엇을 앎, 구조와 구성까지 보는 눈)이다.
부처의 눈으로 경계를 보는 것으로 시공을 초월한 눈으로 과거 현재 미래와 육도와 중생 재물 보는 것과 보이지 않는 것 등 자연 현상계를 보는 눈으로 수행과 과보를 얻는다.

셋째는 慧眼으로 우주 사물의 진리(자성)를 인식하는 눈(마음의 눈, 미래를 내다볼 수 있는 눈, 신력, 흐름, 자성)이다.
일체 모든 존재의 본바탕이 있는 본질, 자성, 참성품을 깨달아 보는 지혜의 눈으로 무상 무아 고 중도 연기의 이치를 밝게 아는 지혜의 눈을 말한다. (예, 성문 벽지불 아라한 눈.)
혜안의 눈은 진리의 세계에서 모든 중생은 결국 하나임을 보는 것이며, 무분별 세계에서 모든 분별상을 하나로 화통하는 것이고, 하나가 곧 전체임을 깨닫는 것이며(一卽一切), 이치가 곧 현상계와 둘이 아니게 걸림이 없는 것을 깨닫는 것이고(理事無碍法界), 공의 세계에서 색이 하나임(空不異色)을 一切同觀하는 눈이다.

넷째는 法眼으로 육안, 천안, 혜안을 통달한 눈으로 법안은 일체법을 만드는 눈이다.
법안은 일체법을 만드는 눈으로써, 모든 중생을 미혹의 세계에서 깨달음의 세계로 안내하여 곧 진리를 보는 것이며, 분별상 세계에서 무분별의 세계를 보는 것이고, 전체가 곧 하나임을 깨닫는 것이며(多卽一), 현상계와 현상계가 둘이 아닌 걸림 없음을 깨닫는 것이고(事事無碍法界), 색의 세계에서 공이 하나임(色不異空)을 일체동관하는 눈인 것이다. 자성이 자연에 끼치는 영향을 보는 것(삼안의 합)이다.

   법안의 경지 보살은 중생의 깨달음이 곧 나의 깨달음임을 실천하고 법을 전파하는 수행자이다. (법안이 육안 천안 혜안의 상을 만들었다.)

   다섯째는 佛眼으로 중생의 마음을 낱낱이 아는 눈으로 모든 사물에 차별을 두지 않고 평등하게 보는 부처님의 지혜의 눈이다.

   육안, 천안, 혜안, 법안이 세상의 이치와 돌아가는 것을 알고 조화와 운영하는 눈이 불안이다.

   육안, 천안, 혜안, 법안의 이치와 돌아가는 것을 즐기면서 빙그레 웃는 것이다. (중생의 마음으로 차별하지 않는 보통을 보는 것.)

일법 | 부처님이시여, 오안의 비유로 설파를 원합니다.

부처님 왈

오안 예화1

- **육안:** 쌀, 벼 등 분별심이요
- **천안:** 벼가 발육하여 싹이 자라서 꽃이 피고 벼가 되어 쌀이 된다.
- **혜안:** 벼는 논에서 온도와 습도, 시기가 맞아야 싹이 트고, 물과 장소, 온도, 시간이 흐르고 자라서 또 다른 벼가 된다.

꽃은 세월이 흐르면 피고 지고 열매가 된다.

- **법안:** 벼는 온도와 습도, 시간, 자연의 영향으로 자라고,

꽃은 바람이나 곤충에 의해 수정되고,

벼는 중생의 정성과 보살핌으로 자라서,

또 다른 벼가 되어 중생에 의해 벼는 쌀이 되어 밥이 된다.

- **불안:** 벼는 자연 여건과 중생의 보살핌과 세월이 흘러 쌀이 되어 내 입속으로 들어오면 모두의 고마움을 알고 즐기는 것이다.

오안 예화2
- **육안**: 남자와 여자라는 중생이다.
- **천안**: 청춘남녀가 연애하고 엄마 아빠가 되어 아기를 낳고,
 아기는 유아기를 거쳐 청소년, 청년기, 장년기, 노년기에 가서는 병 들어 죽는다.
- **혜안**: 알 수 없는 힘에 연애하여 아기를 낳고, 아기는 부모의 보살핌으로 자란다.
 성장한 성인은 또 다른 아이를 생산하고 죽는다.
- **법안**: 아이는 자라서 사회의 일원이 된다.
 엄마 아빠, 사업가, 공무원, 군인, 철학자, 거지나 범죄자, 종교가 등.
- **불안**: 부처

‖ 일법

돌머리도 쓰면 이런 생각도 나오네. (머리 아픈 일법거사)

※ **일법 | 여래여! 불세계를 중생은 어떠한 마음으로 여래(자연)를 보아야 합니까?**

‖ 부처님 왈

분별심이 아닌 자연을 오안으로 보아라.
삼라만상 일체 모든 것을 둘로 나누지 않고 한 성품으로 관찰하여 보라.
현상과 이치는 하나이고 보는 놈과 보여주는 놈은 하나인데,
허어! 중생만이 둘로 나누어 본다.
중생의 황화사처럼 많은 마음은 실체가 없다.
과거 현재 미래도 실체가 없는데 중생의 과거 미래 현재를 나누어 보는 마음이 있다.

그래서 일체를 동관하라는 것이다.
허망한 마음을 아는 것이 반야바라밀이다.
본래 마음은 형체가 없다.
비심임을 아는 것이 반야바라밀이다.

• 육안, 천안, 혜안, 법안을 통찰하여 불안으로 보는 것이 일체동관이다.
부처의 눈은
소승에도 대승에도
하나에도 전체에도
부처에도 중생에도
아라한과 보살에도
생사에도 열반에도
색에도 공에도 치우침이 없는 완전한 무차별 무분별의 눈이 불안으로 일체동관이다.

• 게송이다.
내가 중생이고 내가 부처이며 내가 자연이다.
그러하니 깨달을 것도 없고, 부처 될 것도 없고, 중생을 구제할 것도 없다.
중생을 구제하였으나, 다 구제한 바가 없는 것이 일체동관이다.

일법 | 부처님이시여, 중생의 마음은 어디에서 나왔습니까?

| 부처님 왈

나는 중생의 마음을 다 안다.
모든 마음은 여래(자연)에서 나오니 부처도, 중생도, 마음도 하나다.
청정한 마음의 무지에서 허망한 것이 허망한 것을 인연으로 만나 허망한 마음을 만든다.

그래서 나는 중생의 마음을 안다고 하였다.

즉 일체를 한 성품으로 한 바탕으로 관해 본다는 것이다.

일체동관한다는 것이 바로 그 의미이다.

한바탕의 부처, 불성, 신성, 하늘, 자성, 주인공, 일심, 본래면목, 어머니, 대지, 도, 깨달음의 다양한 가명이다.

도는 즉비도 시명일 뿐이다.

- 마음은 일체유심조이다.

마음은 인연 따라 욕심도, 생각도, 번뇌도, 업도, 중생도, 부처도, 깨달음도 잠시 왔다가 인연이 다하면 소멸하는 것이니 집착하지 마라.

마음은 인연 따라 왔다가 인연이 다하면 소멸하는 것으로 실체가 없는 관념일 뿐이다.

우리 내 삶은 사실 순간순간을 살아왔을 뿐이다. 과거 미래 현재란 없다.

중생이 필요해서 만들어 놓은 말장난이다.

그러므로 과거, 미래, 현재 마음을 얻을 것이 없다.

수행은 본래 마음이 없다는 도리를 알기만 하면 된다.

그러므로 과거 미래 현재의 마음을 얻을 수 없다.

일법 | 부처님이시여, 마음은 있습니까?

부처님 왈

제심은 비심인데 중생들은 마음이 있다고 생각한다.

마음은 번뇌와 걱정이 많은 망심 덩어리다.

잘못 보는 것에서 번뇌(허망한 마음)가 생긴다.

중생은 절실한 마음이 있어야 불경을 절실하게 읽고 깨닫고 중생심을 안다.

중생심은 깨달으면 중생심(번뇌망상)에 실체가 없다는 것을 알고 중생도 알고 중생도 없다는 것을 안다.

- 자신을 묶고 있는 것은 자기의 마음(망심)이다.
과거, 현재, 미래의 마음은 얻을 수 없는데,
중생은, 과거에 집착하여 현재가 괴롭고,
미래는 오지 않았는데 현재에서 미래 망상을 만들어 괴롭고,
현재 마음에는 형체가 없으니 괴롭다.
과거, 현재, 미래의 번뇌망상을 바로 보는 것이 깨달음이요,
망심을 바로 아는 것이 참마음으로 허망한 것에서 벗어나면 그만이다.
제심이 비심이다.

부처님 왈

게송이다.
깨달으면 번뇌망상은 사라지고 깨달은 후에 번뇌망상을 안다.
꿈은 꿈을 깨면 모든 것이 사라지며 꿈이었다는 것을 안다.
망심을 바로 아는 것이 참마음으로 허망한 것에서 벗어나면 그만이다.

망심이 비심인 줄 알면
그대가 부처이다.

일법의 무위의 공덕의 일체동관

벌 나비 춤을 추고
꽃은 방긋방긋 웃고
중생은 노래하고
자연의 환희다.

벌과 나비는 일륜지 대사를 성사시켰으나
꽃의 연애를 모르고
꽃은 벌과 나비에게 꿀을 주었으나
꽃은 양식을 준 것인지 모르고 벌과 나비는 받은 것인지도 모른다.

중생들은
인생이 무엇인지 모르고
이웃과 더불어
그냥저냥 살아간다.

벌과 나비 그리고 꽃은 무위의 봉사요,
중생이 그냥저냥 사는 것이 수승의 공덕이다.
그래서 중생과 벌, 나비, 꽃이 부처요 일체동관이다.

- 일법거사

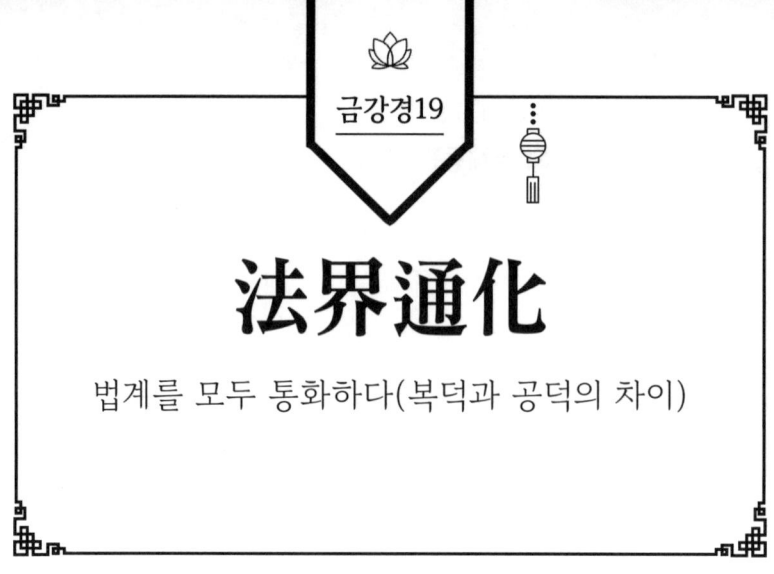

法界通化
법계를 모두 통화하다(복덕과 공덕의 차이)

| 부처님 왈

삼천대천세계에 가득 찬 칠보로써 보시한다면 복덕이 많겠느냐?

| 수보리

복덕이 매우 많습니다.
 - 依法出生 8분
 삼천대천세계 가득한 칠보 보시보다
 - 無爲福勝 11분
 항하 모래 수만큼의 삼천대천세계의 가득한 칠보 보시보다
 - 如法受持 13분
 항하의 모래 수만큼 몸과 목숨을 보시하는 것보다
 - 持經功德 15분
 아침에, 낮에, 저녁에 각각 항하의 모래 수만큼 목숨을 보시하는 것보다
 - 能淨業障 16분 그 후 쭉
 부처님께서 연등불을 뵙기 전에 8만 4천억 나유타의 여러 부처님을 만나서 모두 다 공양하고 받들어 섬긴 것보다

부처님이시여! 삼천대천세계에 가득 찬 칠보로 보시하는 것을 강조하시면서도 여운이 있습니다.
- 재보시의 복덕과 법보시의 공덕 중에 어느 것이 더 수승합니까?

∥ 부처님 왈

복덕이 진실로 있는 것이라면 여래가 말하기를 얻는 복덕이 많다고 하지 않으련만, 복덕이랄 것이 없으므로 여래가 많은 복덕을 얻는다고 말하느니라.

수보리야! 복덕으로는 법계를 교화할 수 없으나 공덕만이 법계를 교화할 수 있다.

※ 일법 | 부처님이시여, 복덕과 공덕의 차이는 무엇입니까?

∥ 부처님 왈

함이 있느냐 없느냐 차이이다.
복덕은 중생의 행이고 공덕은 부처 행이다.
복덕은 어리석은 집착의 행이고 공덕은 깨달음의 놔버리는 행이다.
복덕은 번뇌로 바라는 행이고 공덕은 열반으로 바라는 것이 없어 마음이 편안하다.
그래서 공덕은 복덕보다 수승한 것이다.

※ 일법 | 어느 스님의 법계 통화의 복덕과 공덕에 대한 말씀 한마디입니다.

중생은 바라는 마음으로 많은 칠보로 보시 후에 집착하는 복덕은 유루복이 되어 허상이 되어 사라진다.

복덕에서 머물지 않고 형상 복덕에서 형상을 여의면 보시바라밀이 반야바라밀로 바뀌어 무루복이 되어 복덕이 큰 공덕이 된다.

보살은 복덕에 집착하지 않고 회향하여 지혜로 돌려 대승의 경지가 공덕에 이른다.

무위의 속에 살면서 유위의 복덕을 바라고,
잡을 수 없는 허공을 중생은 잡으려 기를 쓰고,
만상을 분별하니 무위의 복덕을 누릴 수 없다.
'이것을 깨치면 그대는 부처이다.'라고 일갈하십니다.

일법 | 부처님이시여! 법계를 모두 통화 할 수 있습니까.

| 부처님 왈
삼천대천에 가득 찬 칠보로 보시한 것을 많다고 한 것은 복덕이란 것은 본래 없는 복덕이라 많다고 한 것이다.
복덕이라는 것은 고정된 실체로 있는 것이 아니다.
그래서 복덕은 즉비복덕이고 시명복덕이다.
다만 인연 따라 꿈처럼 환영처럼 만들어졌다가 사라지는 것이 복덕이다.
그 복덕이 본래 없는 것이므로 여래는 많은 복덕을 얻었다고 말씀하신 것이다.
유위 복덕은 상대적 많고 적음이 있는 복덕으로 바라는 마음(아상)이 있는 복덕이다.
무위 복덕은 절대적 많고 적음이 없는 무위의 복덕으로 법계를 통화한 것이다.

일법 | 부처님이시여, 중생은 왜 번뇌로 괴로워하는 것입니까?

| 부처님 왈
중생은 바라는 마음 때문에 병고가 생긴다.

복은 바라는 마음 없이 복을 지어야 병고가 없다.
識과 明哲은 중생(자신)이 정하여 식별에서 나온 병고이다.
통찰하면 병고에서 병고 없음을 본다.
그래서 제상은 즉비제상이니 시명제상이다.
마음은 무상무주인데 중생은 병고를 잡고 끄달린다.
대항하여 이기려 하거나 무서워 회피하면 집착이라는 병고 망상이 생긴다.
망상이란 놈과 함께 놀아라. 그러면 망상은 사라진다.

• 게송이다.
자연에서 자연의 법을 보라.
자연은 무엇이 되려고 노력하지 않는다.
자연은 스스로 그렇게 있을 뿐이다.
바라지 않으면 그대가 그냥 부처이다.

일법 | 부처님이시여, 법계통화를 비유로 설하여 주십시오?

| 부처님 왈
석두스님의 세상을 보는 마음이다.

한 스님이 석두에게 물었다.
"해탈이 무엇입니까?"
 "누가 너를 묶어 구속하기라도 했느냐?"
"정토란 무엇입니까?"
 "네가 언제 더럽혀 놓기라도 했단 말이냐?"
"열반이 무엇입니까?"
 "너는 누구 때문에 나고 죽고 하느냐?"

• 해탈, 정토, 열반, 이 세 가지 말은 한 생각을 각기 여러 말로 나타내 놓은 것인데, 그 한 생각이란 다름 아닌 바로 이 세상과 중생을 바로 보는 마음 大肯定(대긍정)을 말하는 것이 法界通化이다.

일법의 꿈속의 번뇌망상

사람도 아니고 짐승도 아닌 사람 형상을 한 2개(크기는 조금 다름)의 인형이 꿈속에 나타난 것이다.

인형들이 조롱하고 웃으면서 같이 놀자고 하는 것이다.

좀 무섭고 같이 놀고 싶은 생각이 없어 회피하고 도망 다니다 결국은 쇠창살이 있는 방에 세 명이 갇힌 것이다.

일법은 분노하여 작은 털복숭이 인형의 목을 비틀어 죽이려고 하였다.

그러나 목은 비틀어지지도 않고 죽지 않아 힘만 쓰고 있는데 큰 털복숭이 인형이 빙그레 웃으면서 바라보는 것이다.

결국에는 놀라 잠에서 깨고 말았다.

어리석은 일법아, 도망가지 말고 같이 어울리고 함께 놀면 얼마나 좋겠느냐.

작은 인형은 너의 마음 번뇌망상이고 큰 인형은 세계(여래, 자연)이다.

번뇌망상과는 싸워서 이길 수도 없고 도망가고 회피한다고 지워지지 않는다.

번뇌망상과 함께 즐겁게 놀아라.

그것이 법계통화이다.

일어나자마자 아주 기분이 좋지 않았으나 곰곰이 생각하니 그런 뜻이 있었네.

프로이드의 꿈의 연상인가……

離色離相

모습과 형상을 여의다

▎ 부처님 왈

　수보리여, 구족 한 色身으로 여래를 볼 수 있느냐?

▎ 수보리

　아니요, 구족 한 육신이라 함은 곧 구족 한 육신이 아니옵고 그 이름이 구족 한 육신일 따름이기 때문입니다.

▎ 부처님 왈

　色身의 자성을 보면 여래를 볼 것이다.

※ 일법 | 부처님이시여, 구족한 육신은 어떤 육신입니까?

▎ 부처님 왈

　구족한 육신은 자연현상을 말한다.
　태초에 공이 있어 진여에 의해 만물이 생겼으니 인연법이요 연기법이다. 이것이 법계의 시작으로 우주 만물은 허공이 있어 아름답게 배열한 것이 구족한 육신이다.

중생들이 오관을 통한 색수상행식의 오음의 작용을 통해 알고 있는 모든 식이 구족한 육신이다.

• 구족한 육신을 비유로 설명하겠다.
비유 1. 기독교의 성경 창세기
성령(성경)은 태초에 허공이 있어 하나님(자연)이 우주 만물을 6일 동안 수놓고 하루는 쉬었다고 하였다. 그것이 구족한 육신이다.

비유 2. 물의 순환
대기에는 물의 알갱이(수분)가 떠돌고 있다. 공기가 차가워지면 안개요 하늘로 올라가면 구름이 되어 떠돌다가 그냥 떨어지면 비요 얼어서 떨어지면 눈입니다.
물이 되어 대지를 풍요롭게 적신다. 땅에 떨어진 빗물은 지하수로 땅속에 머물다가 식물의 에너지로, 흘러서 강물이 되어 바다로, 지하수에서 사람의 몸속으로 들어가 에너지가 되는 놈도 있고 오줌과 땀으로 되는 것도 있다. 이처럼 한곳에 머물지 않고 계속 순환하면서 없어진 것 같으면서도 다시 환생하여 지구상에서 좋은 일은 다 한다. 이것이 구족한 육신이다.

비유 3. 먹이 사슬
땅속의 무기물은 물과 함께 식물의 영양소가 되어 식물을 자라게 하며 식물은 곤충과 초식동물의 먹이가 된다. 곤충은 파충류와 새의 먹이가 되어 새와 파충류는 육식동물의 먹이가 된다. 동물은 배설하고 죽어 흙으로 돌아가 식물의 영양분이 된다. 이것이 구족한 육신이다.

비유 4. 인간 사랑
최초에 청춘남녀가 연애하는 것은 자연의 순리(부모와 자식 간의 전생 인연)로 공에서 시작하여 힘과 기쁨과 기와 환희를 방출(최고의 헛됨과 공)하여 번뇌(기쁨, 슬픔)를 줄 수 있는 색(자식)을 만들어 키움은 공즉시색이다.

시색 또한 나와 같은 전철을 이어 죽음에 이르고 결국에는 자연으로 돌아감은 연만을 남기고 공으로 돌아간다. 이것이 자연현상이고 구족한 육신이다.

• 중생들이여

구족한 육신(자연형상)은 영원하지 못하고 허무하고 공한 것이 제행무상이다.

구족한 육신에 흐르는 제행무상에서 여래를 보아야 한다.

일법 | 부처님이시여, 자연현상을 제행무상이라 하는데 제행무상은 무엇입니까.

| 부처님 왈

우주만물은 한결같이 모두 항상하지 못하고 변한다는 뜻이다. 세상의 모든 일이 덧없음을 의미하는 말로 해석하기도 한다.

물질적인 것이든, 정신적인 것이든 모든 현상은 시시각각으로 생성하고 소멸하며 항상 변천한다는 것으로 만물은 항상 돌고 변하여 잠시도 한 모양으로 머무르지 않으므로 인생은 덧없는 것이며, 한번 성한 것은 반드시 쇠하게 마련이라는 성자필쇠의 이치를 담고 있다.

불교의 핵심 개념인 삼법인의 하나로 간단히 '무상'이라고 한다.

반야심경의 "色不異空 空不異色 色卽是空 空卽是色 受想行識 亦復如是"은 즉 물질적 존재가 공과 다르지 않고 공이 물질적 존재와 다르지 않다. 물질적 존재가 곧 공이요 공이 물질적 존재이다. 감각, 표상, 의지, 인식도 또한 마찬가지다. 제행무상의 연기의 공법이다.

❦ **일법 | 부처님이시여, 성현 세분의 석가의 공, 예수의 헛됨, 공자의 허무를 비유로 제행무상의 離色離相을 설하여 주십시오.**

∥ 부처님 왈

성현분들 초청하여 직접 듣겠다.

◆. 석가님 공의 원리(집착은 모든 번뇌의 근원이다)를 말씀해 주십시오.

∥ 석가님 왈

이 세상의 물질적 현상에는 실체가 없는 것이라 무상이다. 실체가 없는 까닭에 물질적 현상이 공(무아)이다.

실체가 없다고 하지만 그것은 물질적 현상을 떠나서 있는 것은 아니다, 항상 현상과 공은 공존한다.

그러므로 물질적 현상이라고 하는 것은 모두 실체가 없는 것이 공이니 제행무상이다.

이와 마찬가지로 감각도 표상도 의지도 지식도 모두 실체가 없는 것이 공하니 마음도 제행무상이다.

• 아이 쿠! 나도 머리 아프고 오락가락 허……

현상과 제행무상의 자성은 무엇인가?

◆. 예수님 '헛되다(전도서 전체가 헛됨)'를 말씀해 주십시오.

∥ 예수님 왈

전도서 1장 2-12절 전도자가 가로되 헛되고 헛되며 헛되니 모든 것이 헛되도다.

- 사람이 해 아래서 수고하는 모든 수고가 자기에게 무엇이 유익한고,
- 한 세대는 가고 한 세대는 오되 땅은 영원히 있도다.

- 해는 떴다가 지며 그 떴던 곳으로 빨리 돌아가고,
 - 바람은 남으로 불다가 북으로 돌이키며 이리 돌며 저리 돌아 불던 곳으로 돌아가고.
 - 모든 강물은 다 바다로 흐르되 바다를 채우지 못하며 어느 곳으로 흐르든지 그리로 연하여 흐르느니라.
 - 만물의 피곤함을 사람이 말로 다 할 수 없나니 눈은 보아도 족함이 없고 귀는 들어도 차지 아니하는도다.
 - 이미 있던 것이 후에 다시 있겠고 이미 한 일을 후에 다시 할찌라, 해 아래는 새것이 없나니.
 - 무엇을 가리켜 이르기를 보라 이것이 새것이라 할 것이 있으랴, 우리 오래 전 세대에도 이미 있었느니라.
 - 이전 세대를 기억함이 없으니 장래 세대도 그 후 세대가 기억함이 없으리라.
 • 인간들은 헛되고 헛된 것을 집착하고 잡으려 한다.
 헛되지 않는 것은 무엇인가?

◆ 공자님 허무(제자의 죽음을 보면서)를 말씀해 주십시오.

▎ 공자님 왈
"가는 자도 이와 같을까? 밤낮으로 흘러서 쉬는 일이 없구나."
생명과 역사가 인간 만사가 이처럼 흘러가는구나.
그렇다, 가는 자도 이와 같을까?
살아 있는 것은 사라지고 새로운 것에 이어 나타나듯 우주는 그렇게 돌고 돌아 있구나.
 • 아, 허무한 인생이여! 언젠가 나도 가겠지.
 허무한 인생과 나도 간다는 속의 도도한 흐름은 무엇인가?

※ 일법 | 부처님 석가의 공, 예수의 헛됨, 공자의 허무를 비유로 離色離相을 설하여 주십시오.

‖ 부처님 왈

　재행무상의 부처님의 공, 예수님의 헛됨, 공자님의 허무를 아는 것이 離色離相이고 통찰이다.

• 공, 헛됨, 허무를 보는 것은 반야바라밀로 통찰이다.
하늘(자연)에서 자성이 없음을 아는 것이 통찰이다.
하늘(자연)을 통찰하면 즉비하늘이고 시명하늘이다.
통찰은 상에서 상 없음을 본다.
통찰은 무상 무주를 보는 것이다.
깨달음은 통찰로 신체 이념을 멀리 여의는 것이다.
헛된 생각을 줄이는 수행으로 반야정지하는 것이 통찰이다.

• 통찰로 자연현상을 혜안으로 보라.
여래가 곧 자연이며 중생이 자연이다.
여래가 진리이며 생명이며 우주가 그 자체이고 자연이다.
자연은 크고 작은 것도 아니고, 잘나고 못난 것도 아니며, 남자도 여자도 아니고 그 어떤 정이나 표현으로 나타낼 수 없다.
　물론 이렇게 표현하고 있지만 이 말들이 여래(진리)를 나타낼 수 없다.
　다만 표현을 그렇게 했을 뿐, 이 표현은 더 이상 자연이 아니고 중생의 분별심이다.

❀ 일법 | 부처님이시여, 통찰하면 무슨 이익이 있습니까?

│ 부처님 왈

통찰은 종교의 완성이다.

종교는 다만 우주의 진리를, 도를, 법을, 참을 이름하여 종교라고 이름을 붙였을 뿐이지 불교, 기독교, 천도교, 유교 등 종교라는 이름이 다를 뿐이다.

그러니 종교라는 틀에서 벗어날 수 있어야 한다.

종교는 종교가 아니라, 다만 이름이 종교일 뿐이라는 것을 아는 것이 종교의 완성이다.

중생들이여,

완성도 없고 미완성도 없다. 그냥 자연이다……

❀ 일법 | 아이고 머리야, 게송으로 말하고 가자.

무념무상

현상을 여의니 상이 사라지고 염까지 멀리멀리 여의니

안과 밖을 여의니 내가 보살이다.

색은 공이요 공은 색이라

색은 변하여 공이 되고, 공은 다른 색이 된다.

색에 집착할 것이 없다.

상에서 상을 여의니 무상이다.

마음은 이상한 놈이여

이상한 놈이 들어오면

오온의 작용으로 주인이 되니

이놈을 잡고 있으면 객진번뇌이고

이놈을 놔버리면
생각에서 생각을 여의니 무념이다.

무상과 무념을 통찰하면 그대가 부처이다.

- 번뇌망상속에 사는 일법거사

🙠 부처님도 한 게송하시고……

諸相非相이요 諸心非心이니
諸相諸心은 顚倒夢想이라.
卽非是名이니 般若定止하라.

현상은 허상이요 마음은 망상을 만들고
현상과 마음의 상은 전도몽상이라.
마음이 만든 가명이니 반야바라밀하라.

반야바라밀은 마음이 번뇌망상을 만드니
 마음의 상은 허상임을 알고 혜안으로 명철하게 망상을 보고 불법, 근본, 실상을 깨달은 수행이다.

非說所說

말을 여읜 설법(진리)

|| 부처님 왈

"여래가 진리의 법을 말한 바가 있다."라고 한다면 이는 곧 여래를 비방하는 것이다.

자연(여래)은 스스로 그냥 그렇게 있는 것을 "이것이 진리다, 법이다."라고 설명은 불가능하고 아상이 있기 때문이다.

|| 수보리

다음 세상에 어떤 중생이 있어서 이 진리의 말씀을 듣고 믿는 마음을 낼 수 있겠습니까?

|| 부처님 왈

중생이 자연이요, 법이요, 여래인데 자연이 "이것이 중생이요."라고 말할 수 있겠느냐. 자연을 스스로 자연이다.

> 일법 | 부처님이시여, 非說所說이라 말씀하시고 말을 하지 않았다고 하시면 중생은 이해하기 어렵습니다.

| 부처님 왈

   說法者   설법이라는 것은
   無法可說   설할 것이 없음을
   是名說法   이름하여 설법이라 한다.

• 모든 것을 가두지 말라.
진리의 길에 갇힌 것은 상에 갇힌 것으로 나를 세운 것이다.
집착과 욕심은 없고 머무는 바 없이 마음을 내는가 살펴보라.
여래의 비방은 여래가 설했다는 것으로 법을 설한 여래가 있으므로 무아법을 깨닫지 못했다는 것으로 비방하는 것이다.
즉 여래도 법도 중생도 공하니 설한 것은 비방이다.
모든 것을 가두지 말라.

• 여래가 대각대설하였다. 그러나 설명하기가 어렵다.
깨달은 것은 깨달은 것은 아니고 이름을 깨달은 것이다.
깨달음은 단지 있는 것을 있는 대로 보았을 뿐이다.
이것이 대각이니 있는 것을 보고 있는 대로 말한 것이 대설이다.
있는 대로 깨달아 있는 대로 말하니 이것이 자연의 대각대설이다.
그러므로 내가 설한 것이 아니다.

> 일법 | 부처님이시여, 중생과 부처의 차이를 설하여 주십시오.

| 부처님 왈
부처와 중생의 차이는 없다. 마음이 만든 것이다.

중생과 부처는 생각을 일으키면 중생이고 부처이다.
중생이 아니고 중생이 아닌 것도 아니다.
왜냐하면 중생은 중생이 아니라 이름이 중생이기 때문이다.
이름이 중생이고 마음이 만든 망념이다.
중생은 실체가 없어 공하여 부처가 깨닫고 보니 제도할 중생이 없다는 것이다.
마음이 없으면 중생도 없고 부처도 없으며 설법할 것도 없다.
본래 부처들이 잠시 미혹하여 중생이라는 번뇌를 스스로 만들어 놓았기 때문이다.
중생과 부처의 차이는 착각의 망념이고 방편이다.

• 스스로 생각해 보아라, 중생과 부처의 차이를.
첫째, 얼마나 상을 걷혀 있는가? 인상 속의 무상을…
둘째, 얼마나 나를 내세우지 않는가? 아상에서 무아를.
셋째, 얼마나 내 욕심과 집착을 채우려 하는가 생각해 보아라. 중생상과 수자상속에서 해탈과 열반을.
• 본래 깨달아 있는 중생들이, 본래 부처들이 잠시 미혹하여 번뇌를 스스로 만들어 놓았기 때문이다. 중생이 부처요, 부처가 중생이다.

중생은
사상을 여의면 중생이 아니요
너와 나를 구별하지 않으면 중생이 아니다.
골짜기의 바람 소리는 들리는데 내는 사람이 없다.
있는 대로 말했기에 말한 바 없다.
현상을 분별하면 중생이다.

보살은

깨달은 것도, 설한 것도, 없는 것을 있는 대로 보고 이야기할 뿐이다.
이것이 대각이요 깨달음이다.
도는 생각이 붙을 수 없는 것이다.
도는 얻는 것도 깨달은 것도 없다.
있는 것을 얘기할 뿐이다.
취사 분별하지 않을 뿐이다.

일법 | 부처님이시여, 자연의 이치를 非說所說 비유로 설하여 주십시오.

| 부처님 왈

자연은 有說所說하고 있다. 그러나 중생이 듣지 못할 뿐이다.

비유 1: 장미와 패랭이꽃 대화
장미: 5월의 여왕으로 꽃 중에 꽃은 나 장미이다.
패랭이 꽃: 장미여 당신이 아름다워도 당신은 패랭이꽃을 피울 수가 없다.
장미나 패랭이꽃은 아름답다 덜 아름답다는 것은 사람의 생각이지 자연은 저마다의 개성을 가진다.
이것은 자연은 유설소설하니 인간은 분별심으로 말한다.

비유 2: 현상과 진여

- 수보리야 육신의 몸으로 여래를 볼 수 있겠느냐?

| 수보리

육신의 몸매로써 여래를 볼 수 없사옵니다.
왜냐하면 여래께서 몸매라고 말씀하신 것은 몸매가 아니옵니다.

‖ 부처님 왈

　무릇 있는바 모든 현상은 다 이것이 허망하니 만약 모든 현상이 진실 상이 아닌 줄을 보면 곧 여래를 보이느니라.

　참 왈

　육신의 몸매를 나라는 오만함, 상대를 깔보는 방자함, 중생들 위에 군림하려는 무례함, 영원할 것이라는 자만심을 버려야 여래를 볼 수 있다.

　사실은 여래는 보는 것이 아니다. 내가 여래이다.

비유 3: 자연

　우주만유 삼라만상이 크게는 산하대지에서 작게는 一草一木 내지는 눈에 보이지 않는 미생물에 이르기까지 모두 함께 시간과 공간을 통해서 서로 因이 되고 緣이 되며, 主가 되고 반(伴)이 되며, 좇고(相卽), 들며(相入), 숨고(隱:숨을 은), 나타나며(顯), 들이고(相容), 응하며(相應), 의지하고(相依), 도우면서(相資), 전체로(總), 부분으로(別), 같거나(同), 다르게(異), 이루고(成), 무너지고(壞), 다함이 없고(無盡), 걸림이 없이(無碍), 영원히 향상하고 발전하는 것이 자연이다.

‖ 부처님 왈

　자연현상을 분별의 마음으로 보지 말고 진여의 마음으로 보면 여래가 보일 것이다.

　중생들이여 자연은 항상 말하고 보여주고 있으나,

　그대가 듣지 못하고 보지 못한 것이다.

　그래서 중생이다.

일법 | 부처님이시여, 非說所說 무엇을 설했습니까?

▎부처님 왈

반야, 지혜의 깨달음을 설했다.
반야, 지혜의 깨달음은 별거 아니다.
깨달음은 있는 것을 보여 말한 것이니 내 주장이 없어 말(설)한 것이 없다.
깨달은 것을 있는 그대로 보고 이야기한 것이라 설한 것이 아니다.
미혹은 자기 집에서 술이 취해 자기 집을 찾는 것이다.
깨달음은 식별로 알아내는 것이 아니고 理念이다.
깨달음을 대신기신론에서 각은 心身離念으로 망념을 여의는 것이다.
반야바라밀은 망념을 줄이는 것이 수행이다.
생각이 일어나면 불안하고 생각을 놔버리면 편안하다

• 반야의 지혜는 연기법으로 이렇게 있다가 머물다 사라지는 것이다.
반야의 지혜는 생각이 미칠 수 없고 생각이 붙지 못하는 것이도다.
모든 것이 생각(색수사행식)에 의해 생과 사가 생기니 여의면 도다.
불생불멸의 도를 이루는 것은 생각을 여의는 것이다.

• 非說所說 즉 설함 없음은 법을 설할 주체로서 여래도, 설할 법도, 설할 대상도 공하니 설한 것이 없다.
여래도, 중생도, 법도 허망하니 없는 것이다.
설함은 진리의 길에 갇힌 것으로 상에 걸려 나를 세운 것이다.
집착과 욕심은 없고 머무는 바 없이 마음을 내는가 살펴보라.
여래의 비방은 여래가 설했다는 것으로 법을 설한 여래가 있으므로 무아법을 깨닫지 못했다는 것으로 비방하는 것이다.
즉 여래도 법도 중생도 공한데 설한 것은 비방이다.

🙏 부처님 왈 | 非說所說의 깨달음.

어느 보살님이 "고와 낙이 있습니까?"
　스님: "고와 락은 있습니다."
　　"고와 락은 있다, 없다고 설명하고 있으니 그것이 고락이다."

보살님: "생사의 윤회에서 벗어날 수 있습니까?"
　　"그러면 생사의 윤회에서 벗어날 수 있는 방법을 가르쳐 주십시오?"
스님: "방법을 아는 것은 생사의 윤회에서 벗어날 수 없는 것이다."

보살님: "선과 악은 있습니까?"
스님: "선과 악은 없다."
보살님: "그런데 선하게 살고 악하게 살지 말라고 합니까?"
스님: "그러면 선과 악은 있다."

스님: "자성은 청정하나 자성은 없다."
보살님: "자성이 청정하면 자성이 있는 것이 아닙니까?"
스님: "그러면 자성은 있다."

헛되다 헛되다 하면서도 헛됨을 모르는 것이요.
무, 무, 무, 하면서도 무를 모른 것이다.
헛됨과 무를 아는 것이 깨달음이다.

금강경22

無法可得

진리는 얻을 것이 없다

❚ 수보리

세존이시여,

부처님께서 아뇩다라삼먁삼보리를 얻으신 것은 얻으신 것이 없는 것이 옵니다.

❚ 부처님 왈

그러하다 수보리야.

내가 아뇩다라삼먁삼보리라 함은 내가 어떤 진리가 조금이라도 남아 있지 않은 경계에서, 아무것도 얻은 것이 없는 것을 아뇩다라삼먁삼보리(무상정등정각)라 이름하였을 따름이니라.

- 我 於阿耨多羅三藐三菩提

내가 아뇩다라삼먁삼보리에

乃至 懸有少法可得

내지 작은 법이라도 가히 얻음이 없으므로

是名 阿耨多羅三藐三菩提

이를 아뇩다라삼먁삼보리라 이름 하느니라.

❙ 일법
부처님 감사합니다. 無法可得의 참뜻을 알아……
아뇩다라삼먁삼보리를 얻으신 것은 본래 마음이 없는 것을 깨달은 것이요,
마음이 없는 것이 진리라.
마음이 없으니 무엇을 깨닫고 무엇이 진리란 말인가.
이것이 아뇩다라삼먁삼보리의 경계이고 아무것도 얻은 것이 없는 것이다.

아뇩다라삼먁삼보리도 번뇌망상일 뿐이고,
법(마음)을 얻음은 번뇌가 생김이다.
일법은 그냥 놀다 가거라.

부처님과 대화

❙ 일법
阿耨多羅三藐三菩提가 무엇입니까.

❙ 부처님 왈
지극히 평범한 것을 아는 것으로 그래서 無上正等正覺이라 하느니라.
모든 무명 번뇌를 벗어버리고 크게 깨쳐 우주 만유의 진리를 확실히 아는 부처님의 지혜라는 말이나, 삼세의 모든 부처님이 깨치게 되는 최고의 경지를 말하는 것이다.

❙ 일법
중생은 행복할 수 있습니까?

진리는 얻을 것이 없다

‖ 부처님 왈

　중생은 행복하기 위해 돈을 벌고, 권력을 잡고, 예쁜 여자와 가정을 이루고, 사랑하는 등 사바세계에서 노력한다.
　그러나 쟁취하면 행복하지 않고 허무하고 박탈감이 몰려온다.
　행복에 이르기 위해 죽도록 고생하다가 행복에 이르지 못하고 열반한다.
　중생들은 알아야 한다.
　얻고 쟁취해서 행복한 것이 아니고 노력하는 과정이 행복한 것이다.
　노력과 수행이 이미 행복했고 아뇩다라삼먁삼보리 경지를 이룸이다.
　그래서 반야바라밀이 행복한 것이고 이미 행복했다.
　그래서 초발심이 阿耨多羅三藐三菩提心이다.

‖ 일법

　청정한 깨달음(반야의 지혜)은 무엇입니까?

‖ 부처님 왈

　중생은 얻겠다(희구심), 얻었다(소득심)는 마음은 반야와는 천리만리 멀어진다.
　소득심과 희구심은 중생의 망념으로 여의어야 한다.
　얻겠다는 마음과 얻었다는 마음이 없으면 희구심이 없는 마음으로 반야바라밀로 아뇩다라삼먁삼보리심이다.
　아뇩다라삼먁삼보리는 모든 형상은 공(무상)이라는 것과 마음이 공함(무아, 망상)을 아는 것이 무명에서 벗어난 것이다.
　아뇩다라삼먁삼보리로 오직 신령스러운 그것(공공)의 하나다.
　신령스러운 그것은 생각 너머로 들어가야 한다.

‖ 일법

　희구심과 소득심을 해탈하는 방법은 무엇입니까?

‖ 부처님 왈

　무아법을 깨달은 것이 해탈이다.
　대상과 마음이 작용하여 분별할 때 생각이 아다.
　대상에 마음의 작용하지 않으면 생각이 없어 我도 없다.
　대상에 집착하지 않고 생각을 여의면 無我다.
　유무를 초월한 생각 넘어 있는 그것(자성)이 그 신령스러운 것이다.
　신령스러운 그것은 반야로 유심과 무심을 넘어 오직 있을 뿐이다. 신령스러운 그것이 자성이다.
　생각 넘어 들어가 생각을 내려놓을 때 진리가 보인다.

❈ 일법 | 부처님이시여, 無上正等正覺 설하여 주십시오.

‖ 부처님 왈

　삼세제불은 반야심경을 통해 아뇩다라삼먁삼보리를 깨달아, 다시 반야심경으로 수행하여, 아가 현상의 법임을 알고, 아뇩다라삼먁삼보리가 지극히 평범하여 위아래가 없는 것을 아는 것이 무아법이요, 無上正等正覺다.
　무아의 이치를 깨닫는 것이 수행자의 길이요,
　무아의 이치를 깨닫는 것이 바로 법을 깨닫는 것이다.
　깨달음은 복덕도 없고, 얻을 것이 본래 없고, 마음도 없고, 나도 없으며, 어떤 한 법도 없고, 부처님의 형상 또한 실체가 아닌 것을 밝히는 것이다.
　어떤 것도 고정된 실체가 없이 인연 따라 신기루처럼 일어났다 사라지는 것일 뿐이다.
　부처님은 깨치고 보니 구제할 중생이 없다는 것을 앎이다.
　우리의 존재의 자체가 법의 몸 법신이요, 행으로 진리 자체인데 법을 얻을 필요가 있는가?

　　• 우리는 이미 깨달아 있고, 텅 비어 있고, 고요하며, 열반 적정에 머물러

있다.

  스스로 만들어 낸 꿈과 같은 공연한 집착만 놓아 버리면 본래 자리로 돌아간다.

  이것이 귀의요 돌아가 의지함이다.

  불법승 삼보에 귀의 부처님께 귀의하고, 가르침에 귀의하는 것이다.

  내 안의 자성이 부처님께 돌아가고, 내 안에 이미 구족한 충만한 가르침에 돌아가 의지하며, 청정한 수행자의 성품으로 돌아가 의지하는 것이다.

  그러나 사실은 돌아갈 것도 없고, 온 곳도 없고, 갈 곳도 없다.

  그것이 無上正等正覺 즉 正等 평등 차별과 분별이 없음의 무일무이다.

  평등을 깊게 알면 깨달음이다.

  깨달음은 상을 여의고 묘행은 상이 없고 성불 무주상보시다.

  이것이 반야바라밀이다.

나눔의 즐거움

봄이면 저마다 자태를 자랑하네
꽃과 향기로 벌과 나비 유혹하여 꿀과 꽃가루 주고
연애하는 즐거움을 만끽하네

작열하는 태양의 유혹과 거친 비바람을 이겨내고
연애의 결실로 새와 짐승 탐스러움으로 유혹하여
자손의 번창을 위해 기약 없는 여행 보내네

탐욕스럽고 베풀 줄 모르는 인간들아
자연의 이치를 알면
주고받는 즐거움을 알리라

淨心行善

깨끗한 마음으로 선을 닦아라

▎부처님 왈

　또 수보리야(22분에 이어서),

　이 진리가 평등해서 높고 낮음이 없으니 이것을 아뇩다라삼먁삼보리라 이름하느니라.

　'나'도 없고, '남'도 없고 '중생'도 없고 '오래 사는 것'도 없이 온갖 거룩한 법(善法)을 닦으면 아뇩다라삼먁삼보리를 얻느니라.

　• 수보리야, 이른바 거룩한 법(선법)이라 함은 여래가 곧 거룩한 법 아닌 것을 일컫는 말이니 그 이름이 거룩한 법일 따름이니라.

　是法 平等 無有高下

　이법(반야법)은 평등하여 높고 낮음이 없으므로,

　是名 阿耨多羅三藐三菩提

　이를 最高正等正覺이 깨달음이라 이름 하느니라.

　선남자 선여인이 보리심이 발심하여 아상, 인상, 중생상, 수자상이 없이 선법을 닦으면 보살마하살로 가장 높은 법을 깨달으면 阿耨多羅三藐三菩提이다.

일법

淨心善行 청정한 마음은 선한 마음도 악한 마음도 없다.
일체법은 平等해서 높고 낮음이 없는 거룩한 법(善法)이다.
자연(여래)은 분별심이 없어 선하고 악하고 좋고 나쁨이 없음이 진리다.
오직 인간만이 나라는, 남이라는, 중생이라는, 오래 산다는 분별심이 있어 색에 애착하고 번뇌에 쌓여 있나니 이것을 털어 버리고 자신이 자연이라는 것을 알면 깨달음의 경지로 아뇩다라삼먁삼보리다.

❦ 일법 | 부처님이시여, 마음은 무엇입니까?

부처님 왈

허허허, 마음이라.
색수상행식으로 색과 오감이 작동하여 생기는 것이 마음이다.
자랑하고 싶은 것이 중생 마음이요,
세상 사람들이 알아주기를 바라는 것이 중생 마음이요,
영원히 기억해주기를 바라는 것이 중생 마음입니다.
그것이 중생의 性品이고 사상이다.

일법

부처님! 중생의 보시만 칭찬하시고,
부처님 탐욕을 너무 탓하지 마소.
중생의 탐욕의 마음을 너무 탓하지 마소.
자연이 인간의 생존을 위하여 탐욕의 마음을 만들어 놓은 것이라오.
그래서 탐하고 집착합니다.

❋ 일법 | 부처님이시여, 어떠한 마음이 깨끗한 마음(정심)입니까?

∥ 부처님 왈
진리의 마음이다.

∥ 일법
진리의 마음은 어떤 마음입니까?

∥ 부처님 왈
지극히 보편적이고 평범하여 높고 낮음이 없으며, 선과 악, 시비, 생사 등 분별심이 없는 마음이다.

∥ 일법
분별심이 없는 보편적이고 평범한 마음은 어떤 마음입니까?

∥ 부처님 왈
아뇩다라삼막삼보리심이다.

∥ 일법
阿耨多羅三藐三菩提심은 어떤 마음입니까?

∥ 부처님 왈
'나'도 없고, '남'도 없고 '중생'도 없고 '오래 사는 것'도 없이 온갖 거룩한 법(善法)이다.

즉 나, 너, 중생, 집착이 없는 해탈 마음이다.

재행무상은 현상은 항상 변하니 집착하지 않는 무상마음이고,

재법무아는 마음 또한 수시 때때로 변하여 마음 둘 곳이 없어 '내가 없다.'

라는 것이다.

❧ 일법 | 부처님이시여, 無住相報施의 마음(선법)은 어떤 마음입니까.

| 부처님 왈

　나도 모르고 너도 모르고 세상 사람도 모르고 영원히 모르게 보시하라는 것이다.
　비유를 들자면 예수님은 "왼손이 하는 것을 오른손이 모르게 선행하라."라고 하였다. 이것이 예시이다.
　그러나 중생들은 너와 내가 알기를 바라고 온 동네에 자랑하고 영원히 기억하라고 공덕비도 세우고 요즘은 사진 찍어 게시한다.

　• 선법은 청심행선(묘행선법)을 말한다. 즉 선법은 지혜요, 보살이요, 무상이요, 평등이요, 깨달음이요, 이상행선이요, 반야바라밀이요, 阿耨多羅三藐三菩提다.
　일체상은 중생의 생각에서 나타난 것으로 어떤 진상과 심상을 보아도 그것이 망상망념이라는 것을 알고 이끌려가지 않고 애증심이 없어 머무는 바 없는 마음이 무주반야로 일체상을 여의고 과보를 바라지 않는 것이 청심행선이다.

　일체상은 연생연멸로부터 不生不滅이고 不垢不淨이며 不增不減이다.
　중생은 죽음의 고통과 공포심으로 두려워하나,
　도인은 죽음의 고통은 있으나 공포심이 없어 편안하다.

❧ 일법 | 부처님이시여, 淨心行善은 어떤 공덕이 있습니까?

▌ 부처님 왈

 깨끗한 마음으로 선을 행한다는 의미보다는 마음 집중의 수행으로 아뇩다라삼먁삼보리를 얻는다는 의미다.
 아뇩다라샴막삼보리심 가르침은 법과 진리라는 것은 높고 낮은 차별이 없는 만인, 만생명에게 대평등의 가르침으로 최상의 깨달음이다.
 아뇩다라삼막삼보리는 無上正等正覺으로 최상의 깨달음은 지극히 보편적인 것이다.
 대평등의 깨달음은 나라는 아상을 타파하여 나와 너를 나누지 않는 것이다.
 무아법을 통찰하라.
 모든 수행법의 본질은 바로 삼매, 지혜로운 마음 주의 집중인 것이다.

일법의 게송 "無 碍"

惡을 行함도 性이요,
善을 行함도 性이다.

惡을 行하면 마음이 괴로워 지옥에 머물고 있어 惡이라는 것이요,
善을 行하면 마음은 항상 즐거워 천당에 머물고 있어 善이라고 한다.

法에는 惡도 善도 없다.
無礙하면 中道요, 眞理요, 眞如다.

- 一法 合掌

福智無比
복과 지혜를 비교할 수 없다

│ 부처님 왈

　수보리야,

　삼천대천세계에서 제일 큰 산인 수미산만 한 덩어리로 보화로 보시하는 것이 크겠느냐, 금강경을 수지독송하고 남을 위하여 연설하는 것이 크겠느냐.

│ 수보리

　수미산만큼의 보화의 보시도 크지만, 금강경을 수지 독송하여 설법하는 것이 수승합니다.

│ 부처님 왈

　왜 더 수승하느냐?

│ 수보리

　금강경을 수지독송하여 설파하는 것은 중생에게 환희심이 나고 아뇩다라삼막삼보리에 이르기 때문입니다.

▌ 부처님 왈

그렇다! 복덕은 일회성으로 부귀영화를 위한 기복이나 지혜의 공덕(금강경 독송)은 중생이 여래를 만나 영생의 길을 얻는 것이다.

▌ 일법

현상에서 지혜를 깨닫고
자연에서 자연의 이치를 안다.
미혹에서 깨달음을 알고
번뇌망상 속에서 열반을 알고
중생 속에 부처가 있다는 것을 안다.

예화1. 사상의학의 드라마 「이재마」에서 아버지 최수종과 아들 정태우의 대화

최수종: 산 넘어 무엇이 보이느냐?
정태우: 아무것도 보이지 않습니다.
최수종: 너는 의사 자격이 없다.
정태우: 왜 자격이 없습니까?
최수종: 눈을 뜨고 민초의 아픔을 보지 못하는 사람이 어찌 보이지도 않는 몸속을 볼 수 있겠느냐. 심안이 없다.

예화2. 공덕은 자연에게서 배운 것

여기 전에 알지 못하던
어떤 분명하고 성스러운 약이 있어
오직 감각뿐이던 내게 분별력이 생겨
신이 그러하듯 사려 깊고 신중해진다.

전에는 듣지 못하던 귀와 보지 못하던 눈에 이제는 들리고 보인다.

세월을 살던 내가 순간을 살고, 배운 말만 알던 내가 이제는 진리를 안다.

소리 너머의 소리를 듣고, 빛 너머의 빛을 본다.
태양이 그 빛을 잃을 만큼

– 헨리 데이빗 소로우, 월든 숲에서 쓴 시

‖ 일법

  지혜가 복보다 수승한 이유는,
  一. 표정에서 민초의 아픔을 알고 심안이 열리고,
  二. 자연의 눈과 귀가 열려 觀하여 진리를 느꼈을 때에…
  심안과 빛과 소리 넘어 지혜를 깨치는 것이 아뇩다라삼막삼보리의 이름이다.
  소리 너머 소리를 빛 너머 빛을 찾아 심안을 찾아 뒷동산을 산책하는 넋 빠진 일법거사.

※ 일법 | 부처님이시여, 수미산! 수미산하시는데 수미산은 무엇입니까.

‖ 부처님 왈

  허어! 수미산은 '우주 중앙에 있는 가장 큰 허상의 산이다.'라는 의미도 있지만, 너의 마음을 비교한 것이다.
  마음이란 놈은 참 묘한 놈이다.
  어떤 때는 온 우주를 담을 수도 있지만,
  어떤 때는 제일 작은 티끌도 담을 수 없다.
  그래서 수미산이고 마음이다.

🌱 일법 | 부처님이시여, 어떠한 마음으로 보시바라밀을 행해야 합니까.

│ 부처님 왈

조건 없이 깨끗한 마음으로 법이나 재물을 남에게 베푸는 것이다.

財施는 돈이나 재물 등으로 하는 물질적인 보시이고,

法施는 설법으로써 선근을 자라게 하는 정신적인 보시이다.

無畏施는 계를 지켜서 남을 침해하지 아니하며 남에게 두려움이나 근심 걱정을 없애주고 또한 위태로운 목숨을 구해주거나 병을 고쳐주고 곤경을 면하게 해 주는 보시이다.

無住於相報施는 재시, 법시, 무애시도 마음에 걸림이 없고 머무름이 없는 보시를 행하면 공덕보시이고 보시바라밀이다.

🌱 일법 | 부처님이시여, 복덕(肉眼)과 공덕(心眼)의 차이가 무엇입니까.

│ 부처님 왈

'물고기를 줄 것인가.',

'물고기를 잡는 방법을 가르쳐 줄 것인가.'의 차이이다.

복덕(보배보시)은 중생의 육도 세계를 윤회하며 천인복을 누리나 해탈 복은 없음이다.

공덕(법보시)은 금강경을 수지독송하여 사구게를 통찰하여 초산제(형상과 시간초월)로 적멸하고 위타위설(타인을 위해서 해설)까지로 해탈 복이다.

복덕은 공덕과 비교할 수 없고 먼지와 순금 차이다.

법신불(공덕)을 깨달으면 무일물(마음이 없음)이다.

무일물을 지혜로 깨달아 모든 것을 통달하는 것이다.

현상을 쫓지 말고 본체를 알라는 것이다.

이것이 복덕과 공덕의 차이이다.

🕉 일법 | 부처님이시여, 금강반야바라밀경의 네 글귀의 참뜻은 무엇입니까?

‖ 부처님 왈

지혜의 깨달음으로 진리의 본질을 꿰뚫어 진리를 온전히 내 깊은 정신 안에서 깨달아 환희와 행복에 든 것을 말한다.

물질적인 보시의 복덕은 우리를 참다운 내면의 정신을 깨워주지 못하고 생사윤회에서 벗어나지 못한 물질적인 풍요뿐이다.

그러나 지혜의 공덕은 나와 남을 깨달음에 이끌고, 완전히 내적인 평화를 이끌어 준다.

정신적인 풍요는 내 것과 네 것이라는 분별심이 없어 온 우주 삼천대천세계가 전부 나와 둘이 아니요, 내 것과 네 것이 없는 전부 내 것일 수 있는 무한한 절대 풍요를 가져다준다.

반야바라밀은 중생의 물질의 많고 적음, 나고 죽는 것, 내 것을 늘리는 것 등 세속의 그 모든 욕망과 집착 그리고 괴로움의 번뇌망상에서 벗어나게 한다.

즉비유아를 알면 반야바리밀이다.

부처 보살 도인은 무아법을 깨달은 사람이다.

🕉 일법 | 부처님이시여, 금강경을 어떤 마음으로 수지독송해야 합니까?

‖ 부처님 왈

금강을 수지독송은 2가지 눈(문)을 가졌다.

문경안은 글자를 해석하는 육안이다.

예를 들자면 제상비상, 불생불멸, 생사윤회가 무엇인가 이해하는 것이다.

법안경은 법을 보는 혜안이다.

생각으로부터 생안이 열리고 통달하면 한 물건도 없으며 증득으로 들어간 것으로 혜안으로 장애가 없다.

예, 제상, 법, 생사윤회는 왜 생겼는가? 본생, 자성, 성품을 깨달아 중생을 위해 금강경을 설한다.

• 내가 유명한 것은 생각으로부터 생안이 생겨 지혜를 깨달았다는 것이다.

금강경을 듣고 배우고 마음속에 간직하고 이해(사유관찰)하여 통달하면 생안(새로운 문)이 열려 본생, 자성, 성품을 깨달아 중생을 위해 설했다.

진리는 보고 듣는 것과는 관계가 없고(생각), 내 눈이 열려(사유관찰)야 통달하여 증득한 것이다.

일법 | 부처님이시여, 모든 것이 몸과 정신에서 공덕이 나옴을 설하여 주십시오.

‖ 부처님 왈

좋은 질문이다.

몸은 사대 지수화풍의 집합체요, 정신은 수상행식의 작용이다.

몸과 정신은 자기 모습이 없는 허망분별이고, 일체유심조로 몸과 마음은 공하다.

몸과 마음은 있는 그대로 적멸이고, 우주만물이 적멸이다.

몸과 정신은 법계고 공하니, 무애법계이다.

몸과 정신은 분별없는 무애법계이니, 모든 것이 법계다.

그러므로 몸과 정신은 일진법계다.

• 이 세상 모든 것이 내 문제이다.

건강·행복·생존·고 모두 내가 해결할 문제이고, 병고·빈고·독고 또한 내가 헤쳐 나갈 문제이다.
 해결 방법은 무아를 깨치는 것이다.
 스트레스 해결 방법도 무아를 깨달은 것이다.
 근본을 해결해야 행복하다.
 무아법을 통달하는 것이다.

 수미산만큼 칠보 무더기로 보시하더라도,
 반야바라밀이나 사구게 등을 수지독송하여 남을 위해 말해주면,
 앞의 보시는 뒤의 보시의 백분의 일도 미치지 못한다.
 그래서 福智無比이다.

일법의 말 한마디 "꽃들의 향연"

세대 교체하는지
보라색 제비꽃
하얀 냉이꽃
노랑 매운개는 지고

비행접시 날리는 민들레
노랑색 씀바귀
형형색색 꽃잔디는
한창이고

어릴 때 꽃시계 추억이 담긴
토끼풀과 망초도
하나둘씩 피기 시작하네

나이 들어서 그런지
길가에 핀 작은 꽃에 눈이 가고
빙그레 미소짓네

- 그냥 봄이 좋은 일법거사

化無所化

교화하는 바 없이 교화하다 (무아)

‖ 부처님 왈

　수보리야,
　너희들은 여래가 생각하기를 "내가 마땅히 중생을 제도하리라." 한다고 말하지 말라.
　왜 그러냐 하면, 실로 여래에게는 제도할 중생이 없기 때문이다.
　만약 여래에게 중생이 있고 또 여래가 제도함이 있다면 여래는 곧 '我人四相'이 있는 것이기 때문이다.
　• 수보리야,
　여래가 '나라는 생각'이 있다고 함은 곧 '나라는 생각'이 있는 것이 아님을 말하는 것인데, 범부들이 '나라는 생각'이 있다고 말할 뿐이다.
　• 수보리야,
　범부라는 말도 여래는 곧 범부가 아님을 가리키는 말이다.
　그 이름이 범부일 따름이다.

有我者 卽非有我　　아가 있다는 것은 곧 아가 있음이 아니거늘
而 凡夫之人 以爲有我　범부들은 이를 아가 있다고 여기니라

須菩提 凡夫者　　　　　수보리야 범부라는 것도
如來說 卽非凡夫 是名凡夫　여래가 설하되 곧 범부가 아니고 이름이
　　　　　　　　　　　　　범부니라

❚ 일법
　자연은 자연일 뿐 아무 말도 하지 않는다.
　그러나 자연은 교화하는 바 없이 교화이다.

일법 | 부처님이시여, 범부(필부, 중생, 소인, 보통사람, 우자)는 어떤 사람입니까?

❚ 부처님 왈
　범부란 어리석고 슬기가 모자라는 중생을 말하고, 불가에서는 번뇌에 얽매여 생사를 초월하지 못한 채 미혹(무명)을 헤매고 있는 어리석은 사람들을 일컫는다.

• 범부는 참 묘한 것이 중생이다.
왜 중생은 범부인가?
　중생이여, 슬퍼하지 말게, 인류의 99% 이상이 범부라네.
왜 중생은 삼독에 빠지는가?
　중생이여, 노하지 말게 인류의 99% 이상이 탐하고 노하고 어리석은 필부라네.
왜 중생은 우자인가?
　중생은 그냥 놔버리면 편하고 행복할 것인데, 어리석게 집착하여 소인이라네.
왜 중생은 깨닫지 못하는가?
　중생이여 한탄하지 말게, 성인군자는 1%도 안 된다.

아니 그들도 깨닫지 못한 보통 사람인지 모른다네.

• 범부는 참 재미있는 중생이다.
중생은 사랑하고 미워하고,
괴롭고 슬플 때는 울고 성내고 지랄한다.
즐겁고 기쁠 때는 웃고 발광한다.
감정이 있어 중생은 좋은 것입니다.
인류의 99% 이상은 이 재미로 산다네.
나(부처)는 중생의 이 재미를 몰라.
으하하하하하하하......

일법 | 부처님이시여, 聖人(보살, 도인)은 어떤 사람입니까?

부처님 왈
무아법을 깨달아 적멸하여 해탈의 경지에 이른 분이다.
무아법을 깨달아 '나라는 생각', '남이라는 생각', '중생이라는 생각', '오래 산다는 생각'이 없는 멍때리는 분을 말한다.

• 멘탈하는 분(성인)들이 재미있는 것은
자신이 중생인지 부처인지 모르고
자신이 보신불인지, 법신불인지, 화신불인지 모르고
자신이 미혹한지 깨달은지도 모른다.
중생이 보기에는 멍한 바보같다.
허허허허허......

⚜ 일법 | 부처님이시여, 범부와 성인과 다른 점은 무엇입니까?

‖ 부처님 왈

무아법을 깨달았느냐, 못 깨달았느냐 차이이다.

범부는 내가 있다고 생각할 때 아상이 만들어져 전도몽상의 괴에 걸려 걱정과 불안에 빠진 중생을 말한다.

성인은 무아법을 통달하여 전도몽상을 여의어 내가 없어 두려움 공포가 없다.

⚜ 일법 | 부처님이시여, 범부가 성인이 되는 방법은 없습니까?

‖ 부처님 왈

중생이나 성인은 근본이 고요(본적)하다.

우주만물과 일체중생이 자성이 없어 본적으로 無我인데 중생은 만물과 형상에 상을 만들어(시명) 시끄럽다.

중생이 시명하여도 우주만물과 일체중생은 본적이 고요하고 적멸상태다.

생각 넘어 생각이라 무아요, 있는 그대로 적멸이니 무아다.

- 모든 것이 법계다.

우주만물과 일체중생은 스스로 흘러가는 불가사의한 一塵法界로 無常이다.

우주만물과 일체중생은 일진법계인데 중생들이 번뇌망상을 만들어 야단법석을 떨어 아상, 인상, 중생상, 수자상의 중생의 법을 만들어 무아법을 몰라 괴로워한다.

- 무아법을 통달한 보살이 참보살이요 여래이다.

반야바라밀로 무아법을 통달하라.

무아 하나만 통달하면 인생의 모든 것이 해결되고 만사형통 해탈이다.
이것이 성인군자요 견성성불이다.

일법 | 부처님이시여, 化無所化의 '교화하는 바 없이 교화하다.'라는 것은 어떤 뜻입니까?

| 부처님 왈

중도의 가르침이다.
교화는 방편으로 본질에 있어서는 깨달음도 어리석음도 없으며,
깨달음을 얻은 부처도 어리석은 중생도 없고 설한 법도 없다.
교화의 주체도 대상도 내용도 모두가 다 텅 빈 공일 뿐이다.
본래 이 법계는 그 어떤 차별상도 없으며, 그 어떤 나눔도 없다.
오직 고요와 평화와 침묵 그리고 여여한 '그것'만이 있음 없음을 넘어서 있을 뿐이다.
그래서 중생도 부처도 없고, 생사와 열반의 차별도 없고 경계도 없고,
오직 대평화와 고요함만 있을 뿐이다.
너머에 신령스러운 그것만 있다.

• 제도는 이런 마음으로 행하라.
교화하는 여래도 여래가 아니며 이름이 여래일 따름이고,
교화하는 범부도 범부가 아니며 이름이 범부일 뿐이다.
즉 교화하는 주체(여래)도 대상(범부)도 모두가 이름일 뿐, 고정된 실체가 있는 것이 아니다 성인도 범부도 모두 공하고 텅 비어 있다.
그렇기 때문에 '화무소화' 즉 교화하되 교화한 바가 없는 것이다.
자연과 같이 교화하라.

❖ 일법 | 부처님이시여, 어떤 상태가 열반사덕입니까?

‖ 부처님 왈
이것이 열반사덕이다.
이 세상은 항상한 것이 없어 영원한 즐거움은 없다.
고정된 실체로서의 내가 없어 영원히 불생불멸, 즉 죽고 사는 것도 없다.
부증불감 늘어나는 것도 줄어든 것도 없으며,
불구부정으로 본래 항상 더럽고 깨끗한 것도 없다.
이것이 여래이고 열반이다.

‖ 일법
부처님 열반사덕에는 중생의 감정이 없으니 중생은 무슨 재미로 살지요?

‖ 부처님 왈
'나'라는 것은 두 가지 의미가 있다.
첫째는 연기된 존재로서 나 假我이며,
둘째는 참나로서 나 眞我다.
가아는 우주법계의 몸은 인연 따라 지수화풍이 모인 나이고 정신은 색수상행식의 작용으로 한순간의 假我이다.
인연 가합의 실체도 없는 가짜인 나를 이끌고 가는 것은 무엇인가?
그것이 없다면 이 가짜가 어떻게 말도 하고, 생각도 하고, 행동도 할 수 있단 말인가.
그 가짜 나의 뒤에, 가아의 본래 주처의 본연의 바탕이 있는 것을 이름하여 참나, 진아, 대아, 자성불, 본래면목이라는 등의 이름을 붙일 뿐이다.
이것이 두 번째 참나인 나, 진아, 신령스러운 나이다.

• 중생은 자성이 공하다.

중생은 연생(연기)으로 몸(사대)과 마음(오음)이 모여 생긴 것으로 자성이 없어 無我다.
이 또한 생각이 만든 것이라 자성이 없어 무아다.
죽고 사는 것도 연생법으로 무아법을 통달하면 해탈한다.

부처님이시여

見性, 悟道, 원치 않고
成佛하기 더욱 원치 않사오니

그저
이웃 사랑할 수 있는 사람 되게 하소서
자신을 돌아볼 줄 아는 사람 되게 하소서
모든 범부를 칭송할 수 있는 사람 되게 하소서!

- 범부인 일법의 바람……

法身非相

법신은 상이 아니다(자성)

∥ 부처님 왈

수보리야,
가히 서른두 가지 거룩한 몸매(三十二相)로써 여래를 볼 수 있다고 생각하느냐?

∥ 수보리

그러하옵니다. 서른두 가지 거룩한 몸매로써 여래를 볼 수 있사옵니다.

∥ 부처님 왈

만일 서른두 가지 거룩한 몸매로써 여래를 볼 수 있다면 轉輪聖王(전륜성왕)도 곧 여래라 하겠느냐.

∥ 수보리

부처님께서 말씀하시는 뜻은 제가 이해하옵기는 서른두 가지 거룩한 몸매로써 여래를 뵈올 수 없사옵니다.

부처님의 게송

世尊 而說偈言　　세존께서 게송으로 말씀하셨다.
若以色見我　　　만약 색신으로 나를 보거나,
以音聲求我　　　음성으로써 나를 구하면,
是人行邪道　　　이 사람은 삿된 도를 행함이라.
不能見如來　　　능히 여래를 보지 못하리라.

‖ 일법

　금강경의 사구게(5, 10, 26, 32)의 하나로 불성 혹은 자성을 말하는 것으로 이것을 깨치면 見性成佛입니다.

※ 일법 | 부처님이시여, 중도가 무엇입니까?

‖ 부처님 왈

　중도라, 참 묘한 것이 중도이다.
　있는 것 같으나 없는 것이요,
　없는 것 같으나 있는 것이다.
　잡으려 하면 잡을 수 없는 것이요,
　마음으로만 알 수 있는 것이다.
　있는 그대로 보아라.
　그러나 상은 만들지 말라.

　바람이 부는 것을 볼 수 없으나,
　나무가 휘어지고 먼지가 날릴 때 바람을 아는 것이다.
　허공은 볼 수 없고 잡을 수 없으나,
　만물을 수 놓고 나열할 때 허공을 볼 수 있고 잡을 수 있다.
　내 몸에 기가 있다 없다 알 수는 없으나,

운동을 하고 명상을 해야 기를 느낄 수 있는 것이다.

• 중도를 이심전심으로 전했다.
이것이 자성이고 불성으로 신령스러운 것이다.

❈ **일법 | 부처님이시여, 조금은 웃기는 일입니다만 기독교의 중도를 설하여 주십시오.**

∥ 부처님 왈
기독교뿐만 아니라 모든 종교는 중도의 가르침이다.
설명하기 제일 어려운 것이 중도를 느낌으로 알뿐이다.
예수님을 초청하여 직접 청하여 설법을 들어 봅시다.

∥ 예수님 왈
저를 초청해 주셔서 감사합니다.
기독교의 성경(말씀)의 중도(하나님의 중도)를 말하겠습니다.
 • 구약성경의
창세기 2장 17절에, '선악을 알게 하는 나무의 실과는 먹지 말라 네가 먹는 날에는 정녕 죽으리라 하시니라.'
창세기 2장 9절에는, '여호와 하나님이 그 땅에서 보기에 아름답고 먹기에 좋은 나무가 나게 하시니 동산 가운데에는 생명나무와 선악을 알게 하는 나무도 있더라.'
창세기 2장 15절에서 17절에는, '여호와 하나님이 그 사람을 이끌어 에덴동산에 두사 그것을 다스리며 지키게 하시고, 여호와 하나님이 그 사람에게 명하여 가라사대 동산 각종 나무의 실과는 네가 임의로 먹되, 선악을 알게 하는 나무의 실과는 먹지 말라 네가 먹는 날에는 정녕 죽으리라 하시니라.'

- 선악과를 먹으면 정녕 죽으리라.

사탄의 유혹에 이브가 넘어가지 않았다면 에덴동산에서 영원히 살 수 있었으나, 선악과를 먹어 아담과 이브는 광야를 헤매며 고통을 받고 사망하게 된 것이다.

즉 인간은 선악과를 먹기 이전까지는 선악, 생사, 시비, 행복과 불행, 옳고 그름의 분별심(理性)이 없었다.

- 기독교(보편, 평등)는 곧 생명이다. 기독교는 어떤 일에 대하여 그것이 옳은가, 그른가의 시비를 묻는 것이 아니다. 기독교는 당신이 어떤 일을 할 때 당신 속의 생명이 어떻게 말하는가를 묻는 것이다.

분별심을 묻는 것이 아니다. 주여! 주여! 하는 자, 선을 행자는 자도 천당에 갈 수 없다. 십자가 예수 옆의 강도는 천국에 갔다. 왜 갔는가? 예수님은 강도에게 분별심이 없이 믿음을 물었고, 이에 강도는 대답하여 천국에 갔다.

"만일 내가 이것을 행하면,
나의 마음속 생명에 어떤 영향을 줄 것인가?
내 속에 있는 생명은 이것에 어떻게 반응하는가?"

하나님께서 당신에게 주신 새 생명이 당신 속에서 그 일에 대하여 어떻게 말하는가?

기이하게도 많은 사람이 다만 밖에 있는 선악의 표준만을 본다.

그러나 하나님께서 우리에게 주신 것은 밖의 표준이 아니라 중도를 묻는 것이다.

- 기독교는 옳고 그름이나 善惡, 是非를 묻는 것이 아니다. 기독교는 어떤 일을 할 때 당신 속에 있는 생명이 높이 솟아오르는 것을 느끼며, 그 생명이 당신에게 말하고, 당신 속에서 옳다고 느끼며, 당신 속에 생명과 힘과 기름 부음이 있고, 당신 스스로 생명이 있음을 아는 것이다. 많은 일이 사람의 눈으로 보기에는 옳고 타당하고 선한 것이지만, 기이하게도 당신 속의 그 생명은 반

응하지 않고 오히려 식어버리고 위축한다. 중도가 아니기 때문이다.
　서른두 가지 거룩한 몸매(중도)로써 여래를 뵈올 수 있는가 없는가를 묻는 것이다.

- 생명나무를 알면 그대는 천국에 가리다. (아멘)

❈ 일법 | 부처님이시여, 다른 비유를 들어 주십시오.

‖ 부처님 왈
　중국의 3조 대사 문둥병의 승찬스님의 설법 중에 분별의 마음 증애심을 버리면 여래를 볼 수 있다고 하셨다.
　승찬 스님 중생을 위하여 설하여 주십시오.

‖ 승찬 스님 왈
　부처님을 좋아하고 마구니는 미워하며, 불법을 좋아하고 세간법은 미워하는 憎愛心만 버리면 지극한 도는 분명하고 또 분명하다는 것입니다.
　그러므로 누구든지 무상대도를 성취하려면 간택(분별)하는 마음을 버려야 하는데, 그 가운데 대표적인 것이 미워하고 사랑하는 마음, 즉 증애심입니다.
　이 증애심만 완전히 버린다면 무상대도를 성취하지 않을래야 않을 수 없습니다.

❈ 일법 | 부처님이시여, 비유 하나 더 들어 주십시오.

‖ 부처님 왈
　청정한 마음이 외부의 변화에 따라 변하는 마음을 보겠다.
　憎(미워할 증 = 마음心 + 일찍曾) 마음이 먼저 나옴(선입견)
　愛(사랑 애 = 받을受 + 마음心) 바라는 마음(탐욕)
　悲(슬플 비 = 아닐非 + 마음心) 본마음이 아니여(어리석음)

법신은 상이 아니다 (자성)　　231

想(생각할 상 = 서로相 + 마음心) 현상과 마음의 경계
悟(깨달을 오 = 마음心 + 나吾) 마음은 항상 품고 다녀야 혀
忘(잊을 망 = 망할亡 + 마음心) 마음이 없으면 망하는 것이여
忙(바쁠 망 = 마음心 + 망할亡) 마음을 옆구리에 끼고 다니면 망하는 것이여
忍(참을 인 = 칼刀 + 마음心) 칼쓰는 것은 한번 생각해야 혀
性(성품 성 = 마음心 + 날生) 성품은 마음에서 나오는 것이여.
怒(노할 노 = 종奴 + 마음心) 종은 항상 불만(분노)에 쌓여 있다.
慈[사랑 자 = 검을 현(하늘, 사람의 손이 미치지 않음. 玄米: 도정하지 않은 쌀), 玄+玄(쌍현, 밝음이라) + 마음心] 사랑은 가는 실이 이어져 있는 것이여, 살살 다루어야 혀.

• 청정한 마음에 객(현상)이 들어와 동요하는 것이 중생의 중도이다.
미워하는 것이나, 사랑하는 것이나, 슬퍼하는 것이나, 욕심내는 것이나, 근심하는 것이나, 분한 것이나, 성내는 것이나 모두가 외부에서 들어와 마음에 파문이 조금 일다가 세월이 흐르면 다시 마음은 그 자리로 돌아오는 것이다.
그때 참지 못하고 중생을 괴롭히는 우를 범하게 되는데, 다시 돌아와 마음 아파한다. 이것도 세월이 흐르면 잊혀지고 제 자리에 돌아온다.
마음에 조금의 움직임이 있다고 하여 달라진 것은 없다.
그것이 중도의 마음이다.

• 현상에 대한 중도 비유를 들어 주겠다.
작은 파도의 깨달음에서 잘 나타나 있다.
작은 파도: 아휴 괴로워 딴 파도는 저렇게 큰데 난 이렇게 작고, 또 큰 파도는 멋진데 난 요모양 요꼴이고...... 아이고!
큰 파도: 네 본 모습을 똑바로 안 봤기 때문에 괴로운 거야.

작은 파도: 내가 파도가 아니면 뭐길래?

큰 파도: 파도란 일시적 현상일 뿐, 사실은 넌 물이야!

작은 파도: 물?

큰 파도: 네 본체가 물이라는 걸 확실히 알면 파도의 모양에 미혹되지도, 괴롭지도 않다.

작은 파도: 알았다! 나는 잔잔했을 때도 물이요, 파도가 쳐도 물이구나.

- 고요한 바다, 잔잔한 물결, 작은 파도, 큰 파도는 물의 움직임이 크고 작은 것으로, 외부 충격의 바람과 지진에 따른 것이다.

이것을 작은 파도, 큰 파도 분별하고 이름 짓는 것은 중생이다.

- 괴롭고 즐겁고, 사랑과 미움, 좋고 나쁜 것, 희노애락 등도 마음이고, 고요하고 잔잔한 물결도 크고 작은 파도도 물이다.

물과 마음은 하나도 변하지 않았는데, 사람들은 외부의 충격에서 비롯한 감정을 가지고 번뇌한다.

자연 현상에 의해 똑같이 비를 맞고 큰 나무와 작은 나무가 생긴다. 인간의 생각에서 크고 작은 나무의 분별심을 가지나, 나무의 입장은 쓰임이 다를망정 결국은 나무다.

그대는 자성, 본바탕을 깨달으면 번뇌는 사라지고 부처가 된다.

일법 | 부처님이시여, 여래의 본바탕(자성)을 볼 수 있습니까?

| 부처님 왈

見性成佛이라 자성을 보면 성불한다.

분별하지 말고 있는 그대로 보라.

중생들은 깨달음이나 자성을 특별한 것으로 생각한다. 그러나 자성은 보편적이고 평범한 것이다.

중생 마음의 자성은 좋은 것이 있으며 탐하고, 맞지 않으면 성질부리고, 남녀가 만나면 사랑하고, 연애하고 싶은 것이 사람의 자성이다.

중생 몸의 자성은 연애하여 2세를 생산하고, 배고프면 먹고, 배부르면 잠자고, 똥 싸는 것이 중생 몸의 자성이다.

개에게는 자성이 있다 없다 하는데, 개는 두려움을 느끼거나 존재감을 과시하기 위하여 멍멍 짖는 것이 개의 자성이고 불성이다.

파리의 자성은 시체가 있으면 날아가 병균(파리의 자성은 아님)을 옮기고 알을 낳고, 구더기는 시체를 갉아 먹어 청소(파리의 자성 아님)하는 것이 파리의 자성이다.

암(병균)의 자성은 사람이 면역력이 떨어지면 균(암)이 침투하여 자라서 사람의 생명을 빼앗는 것이 암의 자성이다.

식물의 씨의 자성은 온도, 시기, 장소가 맞으면 싹이 트고 자라는 것이 식물의 자성이다.

• 지구상 만물의 자성을 찾아보십시오.

자성은 있는 것도 같고, 없는 것도 같은 것으로 이것이 중도이다.

이것이 자성이라고 말하면서도 자성은 오묘하여 꼭 집어서 말할 수는 없는 것이 자성입니다.

그래서 부처님은 이심전심으로 전하고, 중생을 교화한 일도 없고, 법을 설한 사실도 없다고 하셨습니다.

일법은 자성을 말하지 않았습니다.

말에는 자성이 없기 때문입니다.

그러나 그것을 알면 견성성불이다.

❈ 일법 | 부처님이시여, 현상과 불성의 차이를 설하여 주십시오.

│ 부처님 왈

법상(현상)과 법성(불성)의 차이는 마음의 인식작용이다.

법상은 인식의 세계로 대상(현상)의 인식능력으로 좋은 것은 취하고 나쁜 것은 버리며 번뇌망상 속에서 삶을 마감한다. 법상은 현상이 보이니 자기 몸을 보호하는 데 최고다.

법성은 인식으로 알 수 없는 세계로 개념과 의미를 생각으로 정할 수 없다. 반야로 대상에서 공을 통달(지혜 능력)하고 조견해야 법성을 안다.

• 법상과 법성은 중생과 부처의 차이이다.

법상(견상)은 중생이고, 현상이며, 생노병사고, 미혹이고, 번뇌망상이다.

법성(견성)은 부처이고, 지혜(공)이며, 불생불멸이고, 깨달음이며, 해탈이다.

• 법상과 법성의 또 다른 비유이다.
- 법성은 지혜, 자성, 불성이고, 법상은 현상, 형상이다.
- 법성은 물이고, 법상은 어름, 구름, 눈, 비 등 형상이다.
- 법성은 마음이고, 법상은 사랑, 분노, 탐욕 등 마음의 표현이다.
- 법성은 관조로 색즉시공이며 불생불멸이고, 법상은 인식 작용으로 육안의 감각기관으로 느끼는 형상, 생노병사, 행복과 불행 등이다.
- 법성은 통달, 공이며 개념이 없다. 법상은 가명으로 색의 본질과 자성이 없다.
- 법성은 여래는 모든 것이 통한다. 법상은 성주괴공으로 변하다.

일법 | 부처님이시여, 법상과 법성을 알면 어떤 좋은 점이 있습니까?

| 부처님 왈

法身非相 즉 법신은 상이 아님을 깨닫고 있는 그대로 보라.
그러나 바람이 불어 바다에 큰 파도가 치면 중생은 감탄하고 즐거워한다.
객은 바람이요 큰 파도와 즐거움과 감탄은 법상(허상)인데 법성(지혜)인 물과 마음의 작용은 생각지 못한다.
그러나 남녀가 만나 사랑도 미워도 하다가 결혼하여 자식을 낳고 행복하게 살았다.
남녀 간의 상호 사랑, 미움, 결혼, 행복은 객으로 법상(번뇌망상)인데 법성(반야)인 청정한 마음으로 마음의 작용은 알지 못하고 죽는다.
중생은 법상과 법성 속에 살면서 법상은 즐기고 법성은 알지 못하고 열반한다.

여래의 참된 몸, 법신은 형상에 있지 않음을 밝히고 있다.
여래의 형상에 가두는 어리석음을 타파해 주고 있다.
여래는 형상을 뛰어넘어 존재한다.
여래가 되고 보니 32상을 구족한 것이다.

법상스님의 게송 法身遍滿百億界

특징을 가지고 부처를 한정 짓지 말라
여래의 몸은 법신이다
법신이란 특정한 모습이 아니다
그저 진리의 몸이다
그렇다면 진리는 어디에 있는가
진리는 이 세상 어디에도 있다
부처님 몸뿐 아니라
법신 또한 우주법계 어디에도 편만한 것이다

법으로 여래를 보아야 한다
참된 여래는 법을 여래로 하기 때문이다
그러나 법의 법성은 분별로 알지 못하니
그것은 분별해 알 수 없기 때문이다

일체 모든 존재가 모두 법신일 뿐 범부나 성인의 분별은 없다
그것이 부처님 가르침의 걸림 없는 무량광 무량수의 무한 설법이다
이것은 법신불을 깨닫고 보니
일체 만물이 다 법신이라는 것을 깨달은 것이다
분별로 알지 못하니 무분별함이 없는 수행으로 정진하라

일법의 어이없는 "삶"

따가운 햇볕이 좋다
나이를 먹어 그러한가…

해를 바라보면서 눈을 감았다 떴다
어쩔 때는 캄캄한 검은 색이
어쩔 때는 밝은 노란색이
어쩔 때는 선명한 붉은 색이 타오른다
어린아이처럼 눈을 계속 감았다 떴다
되풀이하면 재미있다
일법은 어른 되려면 아직 멀었어…

우리네 삶
밝게 잘 나갈 때도 있고
앞이 캄캄하고 암울할 때도 있으며
불꽃처럼 활활 타는 정열이 넘칠 때도 있는 것이 우리 인생이다

중생들이여
안달하지 말게나
이 또한 지나가리라

- 햇빛 아래서 한심한 일법거사

無斷無滅

단멸함이 없다

┃ 부처님 왈

"여래가 구족 한 몸매(具足相)를 갖추지 않았기 때문에 아뇩다라삼먁삼보리를 얻었다."라고 하겠느냐. 그런 생각을 하지 말라.

• "여래가 구족 한 몸매(具足相)를 갖추지 않기 때문에 아뇩다라삼먁삼보리를 얻었다."라고 하지 말라.

• 수보리야, 네가 만약 생각하기를 "깨달은 마음을 일으킨 이는 모든 법이 끊어져 아주 없음을 가리킨다."라고 한다면 이런 생각을 내지 말라.

• 왜 그러느냐 하면 아뇩다라삼먁삼보리는 모든 것이 다 끊어진 것(斷滅相)이 진리라고 말하는 일이 없기 때문이다.

┃ 일법

참 부처님은 묘한 분이여,
구족 한 상을 갖추었기 때문에 깨달음을 얻은 것이 아니다.
구족 한 상을 갖추지 않았기 때문에 깨달음을 얻은 것이 아니다.
구족 한 상을 갖추지 않기 때문에 깨달음을 얻은 것이 아니다.
부처님은 방편(무상의 단멸)도 여러 가지입니다.

‖ 부처님 왈

　일법아! 그 어떤 형상 속에 깨달음이 있는 것이 아니라는 것이다.

　틀을 깨면 내 이웃도, 친구도, 가족도, 어린아이도, 대자연의 변화도 모두 내 스승이 아닌 것이 없고 부처 아닌 것도 없다.

　내 스스로 상을 만들어 놓지 않으면 모든 것이 그대로 부처요 참 빛이다.

　모든 상을 깨고 모든 틀을 놓아 버려라.

　모든 상이 허망하여 실체가 없으므로 상은 상이 아니라는 것을 바로 보았을 때 여래를 볼 수 있다.

　여래는 법도 없고 법 아닌 것도 없으며, 아상도 없고, 중생구제도 없으며, 복덕도 없고, 부처도 없고, 깨달음도 없다.

　끊임없이 그 어떤 고정된 실체도 없으니 어떤 것에도 매달려 집착하지 말라는 것이다.

　• 현상계는 모두 공하여 비어 있지만 그러한 텅 빈 가운데 충만한 빛이 있다.

　뒤의 충만한 빛을 보지 못하면 깊은 수렁에 빠진다.

　삼라만상 우주법계가 모두 텅 비어 있다는 것, 공하다는 것, 실체가 없다는 것, 일체가 모든 상이 다 허망하다는 것은 다시 말하면 도리어 충만하다는 것, 꽉 차 있다는 것, 일체 모든 존재가 그대로 참 빛이라는 것을 의미한다.

❦ 일법 | 부처님이시여, '무단무멸'을 자세히 설하여 주옵소서

‖ 부처님 왈

　우주만물(물질현상)은 인연 따라 생겼다가 인연이 다하거나 또 다른 인연 따라 없어지는 것이다. (연기이면서 제행무상)

　즉 우리의 몸이나 자연의 모든 것은 생겼다가 없어진다. 없어진 것이 다시 모여 또 다른 물질을 재생산한다.

- 색불이공 공불이공 색즉시공 공즉시색과 수상행식이 無斷無滅의 비유다. 겉모양만 변하는 것을 보는 것은 지식이요 내면의 모습까지 보는 것은 지혜이다.

즉 만발한 꽃은 사라지고 씨앗만 남았다. 이 씨앗은 봄이 되면 싹이 트고 화사한 꽃이 될 것이다. 이것이 색이요 공이다. 물질은 없어졌다가 재생산되는 것이다.

이것이 있기에 저것이 있으며, 이것이 발생하기 때문에 저것이 발생한다. 자연 현상도 無斷無滅도 그러하다.

이 과정을 연기법으로 인연이라고 하는데, 물질이 없어졌다가 재생산되니 無斷無滅이다.

- 수상생식의 無斷無滅도 그러합니다.

자동적 사고 즉 생각은 생각을 낳는다. 앞생각은 끊어지고 멸했으나 뒷생각이 밀고 들어오니 無斷無滅이다.

이것을 누가 주관하고 원인은 무엇인가? 이렇게 무단무멸을 연구하는 것이 불교이다.

우리 중생은 물질에 집착하여 불행을 자초하고 생에 집착하고 죽음을 두려워하여 자유롭지 못하다.

§ **일법 | 부처님이시여, 無斷無滅 조금은 이해가 갑니다. 제가 비유를 들어도 되겠습니까?**

|| 부처님 왈

좋은 생각이다. 그래 이야기해 보아라.

|| 일법

비유 1. 베트남 신부와 미국 관광객의 대화입니다.

관광객: 사찰을 짓다가 동안거에 들어가십니까?

스님: 사찰은 완성된 것입니다.

관광객: ???

스님: 인생이란 완성도 없고 미완성도 없습니다.

- 모든 것이 끝난 것 같으나 끝이 아니고, 시작하는 것도 시작이 아니고 연속입니다.

이것이 여래고 자연이고 **無斷無滅**입니다.

노래 가사처럼 인생은 미완성이다.

비유 2. 딸과 뒷동산 산책중에 있었던 일화입니다.

그날은 기쁜 날이라 대자연에 조금 눈을 뜬 날입니다.

썩어 넘어져 있는 고목을 일법은 지그시 바라보며 딸에게 물었다.

일법: 고목이 죽었느냐?

딸: 그럼, 죽었지.

일법: 고목이 살았느냐?

딸: 아니, 죽었다니까.

일법: 허허허허... 그렇지, 사랑하는 딸아! 고목은 죽었지. 그러나 딸아, 고목 속에서 고목을 갉아 먹는 다양한 유충은 곤충과 나방이 되어 하늘을 날고, 나머지 고목은 박테리아에 썩어 유충의 똥과 함께 거름이 되고, 또 다른 나무로 자란다.

사랑하는 딸아! 죽은 것 같으나 확대 재생산되는 것이 자연이치이고 **無斷無滅**란다.

❧ 일법 | 부처님이시여 금강경이 마무리되어 가니 부처님의 위대함을 알 겠습니다.
부처님 생노병사와 불생불멸(아와 무아)에 대하여 말을 해도 되 겠습니까?

‖ 부처님 왈
허허허... 말해 보시오.

첫 번째 부처님의 위대함은 아의 분별심에서 아가 있다는 것을 깨달으신 것입니다.
부처님은 타인의 죽음을 보고 나도 죽는다는 것을 깨달아 중생은 왜 생노병사하는가?
생은 바람(숨, 풍)과 체온(화), 체액(물, 수), 육신(지)이 인연에 의해 모이면 생이고 흩어지면 죽음의 현상을 관하였습니다.
아는 청정한 마음에 객(진)이 들어와 마음의 작용으로 분별심에서 생노병사의 허상을 만들어 중생들은 번뇌망상 속에 괴로워한다는 것을 깨달으셨음이 위대합니다.

두 번째 부처님의 위대함은 무아법을 반야의 직관으로 깨달은 것입니다.
사유(생각)에서 자연의 순리에서 연기법을 알고 무아법을 깨달으셨습니다.
형상(생노병사)은 마음의 분별심에서 나오는 것을 알고 연생법(연기법)에서 생사가 없는 무아법을 깨달아 분별심을 여의고 불생불멸(무단무멸)의 반야를 직관하셨음이 위대함입니다.

세 번째 부처님의 위대함은 무아법을 깨달아 중생을 위한 자비심입니다.
무아법을 깨달아 자리이타를 행하신 일입니다.

중생들은 생노병사가 없는데 왜 고통받고 괴로워하는가?

생노병사가 없는 불생불멸로 인도하겠다는 원력을 세우시고

부처님은 청정 공덕상을 짓고, 취하지 않고, 탐하지 않으며, 상에 집착하지 않고, 공덕을 닦기만 하는 발심한 보살이다.

발심한 보살은 묘행무주요, 불취불탐으로 발심수행이요, 무주상보시요, 보살의 수행이요, 공덕을 닦는 것이 해탈이요 무여열반이다.

반야바라밀로 지혜를 닦아 무아무생에서 무단무멸까지 깨달아 중생을 위한 자비심의 自利利他가 위대한 것입니다

일법 | 부처님이시여, 無斷無滅 마무리 지어 주십시오.

부처님 왈

금강경에서는 반야로 무아, 무생, 무단, 무멸을 깨달은 것으로 해탈상락이다.

나의 깨달음은 연생법으로 인연 따라 연생연멸을 깨달은 것이다.

• 無斷無滅의 비유다. 중생의 연애하는 데 잘 나타나 있다

최초에 남자와 여자가 연애하고 싶음(부모와 자식 간 전쟁 인연)은 공에서 시작하여 힘과 기쁨과 기와 환희를 방출(최고의 헛됨과 공)하여 번뇌(기쁨, 슬픔)를 줄 수 있는 색(자식)을 만들어 키움은 공불이색이라 이색 또한 나와 같은 전철을 밟아 죽음에 이르고 결국에는 자연으로 돌아감은 인연만을 남기고 공으로 돌아가니 색불이공이다. 이것이 無斷無滅이다.

게송이다

반야바라밀을 관하여

사유에서 연기법을

지혜에서 무아법을

연기법과 무아법을 통찰하여 無斷無滅 깨달으라

부처님 왈

나는 법을 깨치기 위해 전생(설산동자)에 몸을 보시했다.

나찰과 설산동자의 대화

    나찰: 諸行無常 是生滅法이라.

        즉 행은 항상하지 않으니 생멸법이라.

    설산동자: 아! 이제야 느낌이 옵니다. 다음 구절을 듣고 싶습니다.

    나찰: 나는 배가 고프다.

    설산동자: 제 몸을 보시하겠습니다.

    나찰: 生滅滅已 寂滅爲樂

        즉 생멸은 내 몸이요, 고요한 멸이 기쁨이다.

    설산동자: 諸行無常 是生滅法 生滅滅已 寂滅爲樂

        즉 죽고 살기에 無餘涅槃이다.

🌱 일법의 "얼굴" 한 수

어린이는 분별하지 않고 사랑만 하니 천사요,
할머니는 분별하고 욕심이 많아 마귀할멈이 된다.

할머니 얼굴에서,
어떤 분은 찬바람 생생 불고 냉정하여 같이 있고 싶지 않은 분도 있고,
어떤 분은 인자하고 다정다감하여 같이 있고 싶은 분이 있습니다.
그것은,
평생 동안 형성된 인생 계급장입니다.
마음 씀씀이에 따라 얼굴에 나타납니다.

중생들이여, 명심해야 할 것이 있다.
그대 마음이 악마이면 어린 천사도 악마로 보이고,
그대 마음이 천사이면 마귀할멈도 천사로 보인다.

그런데 말입니다,
세상에는 천사도, 악마도 없습니다.
그대의 마음이 만든 것입니다.

- 아직도 선과 악을 구별하는 일법거사

금강경28

不受不貪

받지도 않고 탐하지도 않는다

‖ 부처님 왈

 어떤 보살이 세계에 가득찬 七보를 가지고 널리 보시했더라도 어떤 사람이 일체법에 나 없는(無我) 진리를 알아 깨달음을 이루었다면 이 보살이 얻은 공덕은 앞의 보살이 얻은 공덕보다 뛰어나리라.
 왜냐하면 수보리야, 모든 보살은 복덕을 받지 않기 때문이다.

‖ 수보리

 세존이여! 어찌하여 보살이 복덕을 받지 않사옵니까?

‖ 부처님 왈

 수보리야 자기가 지은 바 복덕을 탐착하지 않기 때문이니 그러므로 복덕을 받지 않는다고 말하느니라……

‖ 일법

 불수불탐이라.
 부처님 어찌하오리까

이미 받은 것은 어찌하오리까
받지 않으려고 하여도 받아지니 어찌하오리까
받은 것을 놔 버리려고 하여도 놓지 못하는데 어찌하오리까
받지 않으려는데 이미 손은 내밀고 있으니 어찌하오리까
자연이 여래가 수탐을 조절하니 어찌하오리까

일법 | 부처님이시여, 수탐은 무엇입니까?

| 부처님 왈

허어! 수탐이라
청정한 마음에 객이 五蘊을 통해 들어와
허구의 내 맘에 허구의 형상이 들어와 허구의 법으로 허구의 마음을 만드니
나라는 허구(식)를 만들어 주인행세를 한다.
이것이 수탐이다.

일법 | 부처님이시여, 중생은 왜 괴로운가요?

| 부처님 왈

중생은 없는 법을 스스로 만드는 어리석음 때문에 괴롭다.
중생이 괴로운 것은 무아를 몰라 바라는 마음(受)과 구하는 마음(貪) 때문에 고통받고 자존심이 상해 괴롭다.
수탐하지 않으면 괴로움은 사라진다.

• 諸法無我는 허구의 마음이 법을 만들어 없는 아를 만드니 제법무아다.
허구의 마음이 법공을 만드니 자아의 실체가 없다는 무아의 가르침이다.
무아의 가르침은 우리에게 자기중심적 사고와 아집이 허망한 것임을 가

르친다.

　인연 따라 생긴 것은 인연이 다하면 흩어지기 때문에 고정불변한 실체가 없어 무아다.

　아집과 소유욕을 없애 인연으로 형성된 존재의 실상을 깨칠 수 있으면 무탐이다.

　그러나 삶이 괴롭고 슬프고 불행해도 개똥밭에 굴러도 이생이 좋다고 했네.

　즐거움도 괴로움도 일체유심조라네……

　그것이 중생의 삶이고 즐거움입니다.

　이것이 없으면 중생은 무슨 낙으로 살지……

❀ 일법 | 부처님이시여, 중생도 불수불탐 할 수 있습니까.

∥ 부처님 왈

　중생의 마음에 인프라를 심어 놓아 불수불탐하기 매우 어렵다.

　첫째의 인프라는 오온으로 나의 현실을 구성하는 물질현상(色), 느낌(受), 지각(想), 지음(行), 의식(識)으로 나의 것을 만드는 과정이 수탐이다.

　　물질현상(색 대상)과 대하는 놈은 누구인가?

　　느낌(수)을 받는 놈은 누구인가?

　　지각(상 생각)을 하게 되는 놈은 누구인가?

　　지음(행 분별)을 하는 놈은 누구인가?

　　의식(식 결정)을 하는 놈은 누구인가?

　　놈이 바로 마음이요, 법이요, 나인 것이다.

　마음이란 놈, 법이란 놈, 나란 놈은 본래 있던 놈이 아니고, 즉 실체는 없는 허구로 객에 의해 만들어진 놈은 여래가 심어 놓은 오온이 수탐의 첫 번째 인프라다.

둘째의 인프라는 十二處로 눈[眼根], 귀[耳根], 코[鼻根], 혀[舌根], 몸[身根], 마음[意根] 등 6개의 감각기관[6根]과 그것에 상응하는 6개의 대상, 즉 빛깔과 형태[色境], 소리[聲境], 냄새[香境], 맛[味境], 닿을 수 있는 것[觸境], 생각[法境]을 합친 것이다.

보는 작용은 눈을 통해서 빛깔과 형태가 이루어지고, 듣는 작용은 귀를 통해서 소리가, 냄새 맡는 것은 코를 통해서 냄새를, 맛보는 것은 혀를 통해서 맛이, 감촉은 몸(몸의 각 부위에 있는 피부)을 통해서 촉을, 생각은 마음[意]을 통해서 식이, 오감의 마음 현상은 자동으로 이루어진다.

주관계를 구성하는 요소가 6근[6내처]이고, 또 객관계를 이루고 있는 요소가 6경[6외처]으로서 이것을 합친 것이 12처이다. 이와 같은 분류 방법은 일체 존재의 주체인 인간의 인식능력을 중심으로 구분해서 체계화한 것이 12처로 여래가 심어 놓은 수탑이 두 번째 인프라다.

셋째의 인프라는 18계로 허망한 허깨비 같은 것을 물질이라고 하지만, 그 성품은 참으로 오묘한 깨달음의 밝은 본체이다.

이처럼 오음(五陰)과 육입(六入)과 십이처(什二處)와 십팔계(十八界)도 인연이 화합하여 허망하게 생기는 것이며 인연이 흩어져서 허망하게 없어지나니, 진실로 생기고 없어지고 가고 오고 하는 것이 본래는 여래장(如來藏)이어서 항상 머무르는 것이며 오묘하고 밝은 것이며 흔들리지 않으며 두루 원만한 오묘하고 참다움을 지니고 변함없는 성품이라는 것을 알지 못하는구나.

성품은 참되고 항상한 가운데서는 가고 옴과 미혹하고 깨달음과 나고 죽고 함을 찾아보아도 찾을 수가 없다. 온처식의 마음 법을 만드는 과정의 바탕이 되는 如來藏이 자연이 심어 놓은 수탑의 세 번째 인프라다.

- 자연이 중생의 몸과 마음에 인프라를 잘 심어 놓았다.

중생의 생존을 위해 심어 놓은 오온, 12처, 여래장이 자연의 배려가 수탑이다.
중생이 어찌 자연의 배려를 불수불탐 할 수 있겠느냐.

❋ 일법 | 부처님이시여, 중생과 보살의 차이는 무엇입니까?

| 부처님 왈

나는 복을 짓되 받지 않으니 不受福德이 불수불탐이다.
중생은 복을 짓고 바라고 받기 때문에 복이 없어진다.
바라는 마음이 수이고 탐하는 마음은 탐욕으로 불행의 시작이 受貪이다.
보살은 받지도 않고 탐하지도 않는다.
보살은 온갖 공덕을 짓고도 그 공덕을 받고자 하는 생각도 없으며, 공덕을 탐하지도 않으니 불수불탐이다.

- 보살은 일체법이 무아이고 무생임을 깨달은 중생(부처)이다.

무아는 고정된 실체로서의 자아가 없음을 여실히 보는 것으로 나라는 모습은 인연 따라 잠시 만들어진 夢幻泡影(몽환포영)에 불과한 공한 것이다.
무아법을 깨달으면 많다 적다, 있다 없다, 깨달음과 미혹은 없고 오직 공덕 자체이고 복덕 자체이다.
보살은 더 이상 바랄 것, 구할 것, 얻을 것, 받을 것, 탐할 것도 없다.
이미 구족되어 깨달음도, 복덕도, 행복도, 평화도 이미 그 자리에 있다.
일체법이 무상하고 무아임을 아는 것이 불수불탐이다.

유튜브에서 "눈을 떠라."

오늘 아침 성철스님의 법문에 눈을 떠라.

| 일법
"무슨 눈을 떠."

부처님, 달마스님, 가섭존자, 성철스님 등 불교계의 스승은 화탕지옥에 모여있어
어떤 놈이 불교는 천당은 없고 지옥만 있다고 비난하였다.

• "왜 그분들은 지옥에 계실까?"

그분들은 지옥과 천당, 선과 악 분별이 없는
세계를 통찰하였기에 지옥도 천당이고 천당도 지옥이다.
지옥에 계신 이유는 지옥의 중생을 구제하기 위한 것이다.
천당에는 구제할 중생이 없어 화탕지옥에서 찜질방을 즐긴다.

• "허어, 인간적이네."

중생들아, 편견을 버리고 눈을 떠라.
일법아 너부터……

威儀寂靜
위의 적정하다

▌ 부처님 왈

　수보리야, "여래가 혹 온다거나 간다거나 앉는다거나 눕는다."라고 하면 이 사람은 내가 말한바 뜻을 알지 못하는 사람이니라.

　왜냐하면 여래는 어디로 오는바도 없으며 또한 어디로 가는바도 없으므로 여래라 이름하기 때문이니라.

　위엄있고 엄숙하고 번뇌를 떠나 괴로움이 없는 해탈, 열반의 경지가 위의적정이다.

　위의란 수행자들의 법에 맞는 행위를 나타내는 말로 움직이고, 머물고, 앉고, 눕는, 행주좌와 등 일체 행동을 말한다.

如來 若來 若去 若坐 若臥
여래가 '온다거나 간다거나 앉기도 하고 눕기도 한다.'라고 보면
是人 不解我 所說義
이 사람은 나의 설한 바 뜻을 알지 못함이라
何以故 如來者 無所從來
왜냐하면 여래는 어디로부터 온바도 없으며

亦無所去 故名如來
여래라 이름하느니라

‖ 일법
여래는 지금 이곳에 언제나 모든 곳에 존재한다.
중생들이 과거 현재 미래를 분별하고,
중생들이 이것저것, 여기저기, 상하좌우를 구별한다.
자연은 그냥 그렇게 있다.

❋ 일법 | 부처님이시여, 왜 여래라 합니까?

‖ 부처님 왈
자연(여래)을 왜 여래(자연)라 하는 줄 아느냐.
자연은 여래는
움직이지 않으면서 움직이고
말하지 않으면서 말하고
다스리지 않으면서 평정하고
방치하는 것 같으면서 치료와 원상복구하고
변화가 없는 것 같으면 변하고
성내는 같으면서 수용하고 포근히 안아주고
자연과 여래는 따뜻한 눈으로 우주 만물을 항상 지켜보고 계신다.
그래서 여래라 자연이라 하느니라.

❋ 일법 | 부처님이시여, 왜 중생은 여래가 되지 못합니까?

‖ 부처님 왈
자신이 자연인 줄 모르는 어리석음 때문이다.

자신이 자연이면서 들어가겠다 나가겠다 발광한다.

과거 현재 미래가 없는데 과거에 집착하고 미래는 희유하고 현재에 만족하지 못한다.

중생들아, 현재에 만족하면 그대가 여래이다.

※ 일법 | 부처님이시여, 여래가 되는 방법은 없습니까.

‖ 부처님 왈
참 우습다. 자연이 여래가 되겠다.
부처와 중생을 마음이 만들고
미혹과 깨달음도 마음이 만들고
번뇌와 열반도 마음이 만든다.
그대가 그냥 여래고 자연이다.
되려고 용쓰지 마라.

※ 일법 | 부처님이시여, 인식과 조견의 차이는 무엇입니까?

‖ 부처님 왈
인식과 조견의 차이(미혹과 지혜의 차이)를 알면 여래이다.
일체의 행위를 분별하여 보는 것을 인식이라 한다면,
대상에 대하여 분별하지 않고 모든 것이 자성이 없다는 것을 보는 것은 조견이다.

• 인식은 오음과 12처와 18식에 의해 형상에 머물고 대상을 알아보고 이해하는 것이 인식이다.
인식이란 놈은 일체유심조라 무엇이든지 형상으로 만들어 번뇌망상한다.
인식과 사색으로 반야에 들어갈 수 없다.

위의 적정하다

예를 들자면 파리(인식)는 어디에도 갈 수 있으나 불덩이 속(반야)에는 들어갈 수 없다.

• 조견은 대상을 깊이 비추어 보아 자성을 깨달아 지혜를 아는 것이 조견이다.

대상(삼라만상)은 무생법성이라 마음은 유심소현으로 중생의 자업자득을 보는 것이 조견이다.

모든 현상은 마음이 만든 허상(분별상)으로 자성이 없고 집체성이라 無生法忍이다.

唯心所現은 마음이 긍정과 부정에 따라 행복할 땐 희망적인 결과를 생각하고 불행할 땐 절망적인 결과를 생각한다.

自業自得은 좋고 나쁜 것은 자신이 생각한 대로 이루어지기 때문에 자업자득이다.

셈법에 따라 중생은 계산하는데 파리가 불덩이 속에 들어가서 상과 염을 태워버려야 여래가 된다.

일법 | 부처님이시여, 威儀寂靜 수행방법은 무엇입니까?

부처님 왈

수행자는 움직이되 움직임에 동요하지 않고, 머물되 머무는 데 집착하지 않고, 앉고 눕는 평범한 일상에서부터 어느 한 가지라도 집착하지 않는 것이다.

그럴 때 비로소 수많은 행위를 하고 끊임없이 육신을 움직였더라도 사실은 하나도 움직이지 않은 고요한 행이 되는 것이다.

이것이 적정이 되는 것이다.

즉 적정한 위의 고요한 행, 하되 함이 없는, 머물러 집착함이 없는 행이다.

마음이 動하되 머무는 바 없이, 집착하는 바 없이 마음을 일으킬 수 있다면 수만 가지 마음을 일으키더라도 한 치의 마음도 움직임이 없는 적정수행이다.

⚜ 일법 | 부처님이시여, 어떤 상태가 威儀寂靜 입니까?

‖ 부처님 왈

눈을 뜨면 상이요, 눈을 감으면 념이다.

상과 념은 극히 잠시 스쳐 지나가는 것을 중생들은 선악, 시비, 흑백에 집착한다.

상과 념은 앞 물은 뒷물에 밀려나듯이 지금의 상과 념은 뒷 상과 념에 의해 사라진다.

상에서 상을 념에서 념을 여의는 것은, 상과 념을 지금 있는 그대로 바라보는 것이다.

상에서 상을 념에서 념을 여의는 것이 威儀寂靜이다.

⚜ 일법 | 부처님이시여, 지혜의 삼현공을 깨달을 때가 언제입니까?

‖ 부처님 왈

삼현공은 구하는 마음도 공한 것을 깨닫는 것이다.

• 삼현공은 금강경의 대의로 아집과 법집의 두 집착을 부수고 아공과 법공을 깨닫고 그리고 공한 것마저 공한 것을 깨닫는 구공의 이치를 나타내는 법문이다.

아공은 나를 구성하는 것은 생멸 변화하는 다섯 요소인 색·수·상·행·식이라는 오온이 화합하여 이루진 것이니 자아라는 실체가 없음을 말한다. (무아)

법공은 법은 일체제법, 삼라만상은 여러 인연의 일시적인 화합에 지나지 않으므로 거기에 불변하는 실체가 없음을 말한다.

이 모든 법, 즉 만유의 모든 인연이 모여 생기는 존재로서 법은 실체가 없는 마음이 만든 법이라는 것이 법공이다. (무상)

법공은 제법이 본성에 계합하는 것으로, 아공은 육신(아집)이 내가 아님을 깨닫는 것이고, 법공은 객관세계(법집)도 또한 공해서 안으로나 밖으로 나 나를 구속할 게 없다는 것까지 공하다는 것이 구공이다.

아공과 법공을 다 초월해서 공했다는 생각까지도 없어 마음은 항상 청정하다는 것이 구공이고 삼현공이다.

🌱 일법 | 부처님이시여, 어느 때가 해탈입니까? 아니 威儀寂靜입니까?

한 스님이 석두에게 물었다
  스님: "해탈이 무엇입니까?"
  석두: "누가 너를 묶어 구속하기라도 했느냐?"
  스님: "정토란 무엇입니까?"
  석두: "네가 언제 더럽혀 놓기라도 했단 말이냐?"
  스님: "열반이 무엇입니까?"
  석두: "너는 누구 때문에 나고 죽고 하느냐?"

‖ 부처님 왈

해탈, 정토, 열반 이 세 가지 말은 한 생각을 각기 여러 말로 나타내 놓은 것인데, 그 한 생각이란 다름 아닌 바로 이 세상과 중생을 바로 보는 마음 '大肯定(대긍정)'을 말하는 것이 威儀寂靜이다.

인연

인연은 정해진 것인가
인연은 만들어 가는 것인가
인연은 정해진 것이나
인연은 중생이 만들어 가는 것이다

- 일법합장

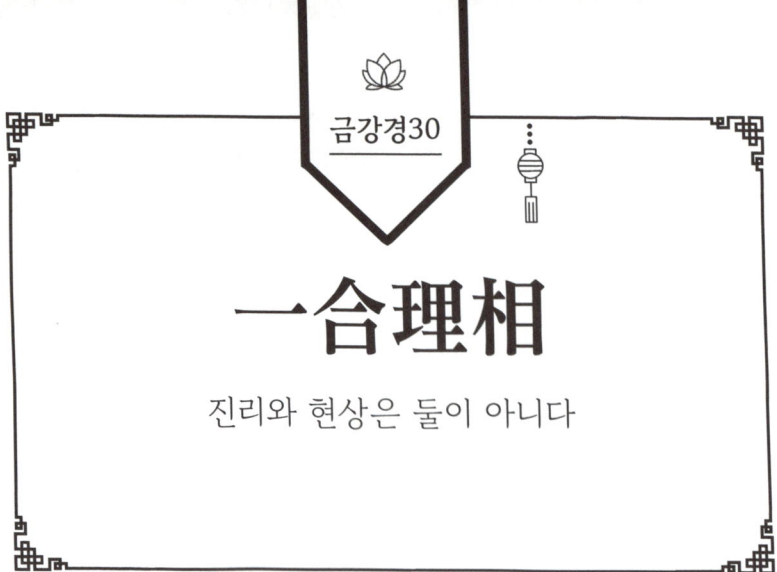

一合理相

진리와 현상은 둘이 아니다

∥ 부처님 왈

　수보리야,
　만약 선남자 선녀인이 삼천대천세계를 부수면 가는 먼지가 얼마나 많겠느냐.

∥ 수보리

　심히 많습니다, 세존이시여.
　왜 그런가 하오면, 만약 이 가는 먼지가 실로 있는 본체적 존재라면 부처님께서는 곧 저 가는 먼지라 말씀하시지 않으셨을 것이기 때문입니다.
　그것은 또 무엇 때문인가 하오면 부처님께서 말씀하시는 가는 먼지는 곧 가는 먼지가 아니오며 그 이름이 가는 먼지일 따름이기 때문이옵니다.
　• 세존이시여, 여래께서 말씀하신 삼천대천세계도 곧 세계가 아니옵고 그 이름이 세계일 뿐이옵니다. 왜 그런가 하오면 만약 세계가 실로 본체적 존재라면 곧 그것을 절대 하나의 모양(一合相)이어야 할 것이오며, 여래께서 말씀하시는 절대 하나의 모양(一合相)도 실은 절대 하나의 모양

이 아니옵고 그 이름이 절대 하나의 모양일 따름이기 때문입니다.

▎ 부처님 왈
수보리야,
절대 하나의 모양이라 하는 것은, 이것은 말로 할 수 없는 것인데 다만 범부 중생들이 그것을 탐착할 뿐이니라...

▎ 일법
한 덩어리의 이치. (一合相)
미혹과 깨달음은 한 생각이요,
형상(색) 속에 진리(자성, 공)가 자연 현상에 있고,
중생이 부처이고 부처가 중생이다.
한 중생이 보신불이요, 법신불이요, 화신불이다.
미진도 세계도 일합상이다.

일법 | 부처님이시여, 본체적 실체(자성)는 무엇입니까?

▎ 부처님 왈
철학을 두고 사람들은 현실과 철학은 따로 존재하는 것으로 알고 있다. 그러나 우리의 삶이 철학이요, 우주만물이 돌아가는 이치가 철학인데 인간들은 분리하여 생각하고 있다.
본체적 실체는 자연스러운 것으로 지극히 평범하고 보편적인 것이다.
진리와 현상은 둘이 아니다.
- 본체적 실체는 이심전심으로 전할 뿐이다.

❈ 일법 | 부처님이시여, 일합상(절대의 하나의 모양)은 무슨 뜻입니까?

‖ 부처님 왈

중생들은 분별도 잘한다.

먼지도 일합상이고, 세계도 일합상이며, 먼지와 세계를 합하여도 일합상이다.

먼지도, 세계도, 먼지와 세계를 합해도 자연이고 일합상이다.

자연은 그렇게 있는데 중생들은 이름지어 번뇌한다.

❈ 일법 | 부처님이시여, 一合理相에 대하여 설하여 주십시오.

‖ 부처님 왈

여래에는 미진수만큼의 세계가 있고,

미진수만큼의 세계가 있으니 미진수만큼의 법이 있다.

미진수만큼의 법이 있으니 미진수만큼의 중생은 번뇌한다.

중생과 부처는 따로 없고, 어리석음과 지혜는 따로 없고, 현상과 자성은 따로 없으나,

중생은 따로 분별하여 미진수만큼의 세계를 번뇌한다.

- 중생들이여 분별하지 말라.

중생은 생노병사 속에 불생불멸이 있다.

불생불멸을 깨달으면 생노병사의 통증은 있어도 고뇌와 공포와 두려움은 없다.

부처님이 깨달은 것은 생노병사에서 공상의 불생불멸을 안 것이다.

생노병사와 불생불멸도 일합상이다.

❈ 일법 | 부처님이시여, 왜 미진과 세계가 이름뿐입니까?

‖ 부처님 왈

이름의 형성과정은 형상과 마음이 작용하여 이름(법, 경계)을 형성한다.

형상은 영원하지 않고 변하고 변하니, 형상은 본체가 없어 무상이고,

그때의 상은 잠시 머물다 사라지니 제행무상이라 한다.

실체가 없던 마음만 남아 있다가 형상이 사라지니 자동으로 마음도 사라진다.

즉 형상과 마음의 형성과정에서 형상이 사라지니 자동으로 마음이 사라진다.

마음이 사라지니 자동으로 법이 소멸하고,

법이 소멸하니 아(나)도 자동으로 멸한다.

실체가 없던 내가 멸하니 제법무아이다.

• 형상은 변하여 본체가 없으니 제행무상이고, 마음은 오락가락 실체가 없으니 제법무아이다.

이 세상의 형상과 마음은 제행무상이고 제법무아이다.

형상과 마음도 일합상이며 미진수와 세계도 일합상이고 제행무상과 제법무아도 일합상으로 우주만물은 일합이상이다.

그러나 형상과 마음, 미진수와 세계, 제행무상과 제법무아도 이름뿐이다.

❈ 일법 | 부처님이시여, 일합이상 비유를 들어주십시오.

‖ 부처님 왈

일합이상에는 항상함, 유일성, 주체성이 있어야 한다.

첫째는 세계와 미진은 독립성이 없는 일합상으로,

세계를 떠나서 미진이 없고 미진을 떠나서 세계가 없는 일합이상이다.

둘째는 중생의 몸과 마음은 자체성이 없는 일합상으로,
몸(색)은 지수화풍의 집합상이요, 마음(공)은 색수상행식의 집합상으로,
몸과 마음은 일합이상이다.
셋째는 색불이공 공불이색 색즉시공 공즉시색은 무상의 일합상이며,
색 밖의 공이 아니고 색 안의 공이니 일합이상이다.
그 외는 구름이 허공이고 허공이 구름이 일합이상이며,
물을 떠나서 파도가 없고, 파도를 떠나서 물도 없으니 일합이상이다.

• 일합성의 이치를 깨달은 자는 모든 것에 걸림이 없다.
즉 마음의 장애가 없어 두려움과 공포가 없고 전도몽상에서 벗어난 열반이요 해탈이다.

일법 | 부처님이시여, 일합이상 지루합니다. 결론지어 주십시오.

| 부처님 왈
그놈 참.
미립자는 생성과 소멸 그리고 다른 미립자의 생성과 소멸은 결코 독립적으로 일어나는 각각의 사건이 아니라는 점이다.
수많은 미립자의 생성과 소멸은 미립자 간의 전체와 긴밀한 相互關係, 相互依存 속에서 일어나는 무한한 과정의 한 단면으로 인연 따라 연기한다.
그리고 모든 생멸하는 미립자가 스스로 독자적인 실체가 없고 실체성이 없어서 무아이고 무자성이며 상호관계, 상호의존이라는 연기적인 성품에 의해서 나타내는 것이다.
미립자는 항상성과 자성과 주체성이 없어 事事無碍한다.

• 미립자가 실체가 있어 상의관계가 아니고 대립관계이고, 상호의존하지 않고 독립적 관계라면 사사무애 할 수 없다.

만약 미진과 세계가 일합성이 없어 자성이 있고 주체성이 있어 "너, 나 모두 잘 났어."라고 한다면 세상은 어떻게 될까.

생각만 하여도 끔찍하고 지옥이 따로 없고 중생의 종말이다.

• 그래서 전체가 연기요(시간), 공(공간)이어서 화엄의 표현으로는 서로 입자가 상즉하여 사사무애한 것이다.

그래서 이 세상은 사사무애와 생사속에 불생불멸한 것이다.

- 불생불멸: 생은 있었던 것(미진, 혹은 미립자)이 나타난 것이고, 멸은 있었던 것이 다른 것으로 다시 환생한 것이다. 그래서 불생불멸이다.
- 사사무애: 미진에 자성이 없어서 무애한 것으로 걸림이 없이 원융한다.

대천세계의 그 안에 존재하는 모든 물질이며 생명들은 또한 모두가 실체가 아닌 공이요 무아일 수밖에 없는 것이다.

연기이기 때문에 일합이상이다.

• 그래서 불교에서는 나와 우주가 둘이 아니요, 내 몸과 이웃이 둘이 아니요, 중생과 부처가 둘이 아니며, 삶과 죽음이 둘이 아니고, 인간과 자연이 둘이 아니라는 不二사상이 있는 것이며, 그렇기에 그 모두가 따로 떨어진 존재로 보이지만, 사실은 한 몸이요 同體이기에 내 몸처럼 이웃과 나라와 자연과 우주를 사랑할 수밖에 없는 동체적 자비, 연기의 자비, 무아적 자비의 실천이 나타날 수 있는 것이다.

• 미진의 일합상인 삼천대천세계라도 우주 또한 고정된 실체가 없이 무아이며 무자성이고, 우리 눈에 보이는 우주라는 것은 다만 인연 따라 무수한 조건들이 상호의존적으로 생겨났다가 사라지는 것이다.

그대로 연기법의 현현이며, 제행무상이요, 제법무아라는 존재의 법칙에 따르고 있는 것이다.

정리해 보면 세계에서 가장 작은 것인 미진에도 집착해서는 안 되며, 가장 큰 것인 삼천대천세계에도 집착해서는 안 되며, 그 사이에 있는 모든 상에 얽매여 집착해서는 안 된다는 준엄한 가르침이고 一合理相이다.

❀ 부처님 게송

도는 도가 아니고 이름일 뿐이다.
도는 속이고 감출 수 없다.
도는 통증은 있으나 고뇌와 공포는 없다.
도는 생사에서 불생불멸을 안다.
도는 속이고 감출 수 없다. 얼굴이 있어서 나타난다.
다 속여도 나는 속일 수 없다.
그것이 도이다.

❀ 일법이 사랑하는 동생에게 전하는 "편지"

형에게는 세 가지 꿈이 있다.
이루지 못하겠지만 항상 노력하고 있다.

첫째는
반야심경을 깨달아 세상에서 제일 쉽고 재미있게 전하는 중생이 되고 싶다.
반야심경은 기독교의 주기도문이나 사도행전과 같은 기도문이다.

둘째는
기독교, 불교 등 모든 종교가 불협화음이 일어나 다투는 곳에 달려가 해결하는 해결사가 되고 싶다.

셋째는

  종교, 사상, 자연, 선과 악, 옳고 그름, 좋고 나쁨, 빈부귀천, 슬픔과 기쁨, 생과 사, 불행과 행복 등 모든 것으로부터 집착하지 않는 자유로운 자연인이 되고 싶다.

  '꿈은 이루어 진다.'라고 하지만 이룰 수 없다는 것을 안다.
  그러나 죽을 때까지 노력하겠다.
  이루지 못하면, 다음 생에, 다음 생에 이루지 못하면 다다다... 다음 생까지.

  동월아~!
  형의 마음이 이런한데,
  네가 바라는 기독교에 들어갈 수 있겠느냐.
  이제는 형이 기독교를 믿고 귀의하기를 바라지 말고 지켜봐 주면 아니 되겠니, 부탁한다.

  예수님과 부처님의 가르침은 같다.
  종교와 진리로부터 자유로워야 진짜 종교인이고 대해탈이다.
  모든 것을 이야기하고 싶은 것이 너무 많지만, 차후로 미루고 이만 줄인다.
  종교와 진리가 一**合理相**이고, 기독교와 불교 모든 종교의 통합이 一**合理相**이다.

- 형 일법거사

知見不生
지견을 내지마라

發阿耨多羅三藐三菩提心者

아뇩다라삼먁삼보리심을 발한 사람은

於一切法 應 如是地 如是見 如是信解, 不生法相

모든 법에 응당 이처럼 알며 보고 믿어서, 법이란 상을 내지 말아야 하느니라.

所言法相者, 如來說 卽非法相 是名法相

말한바 법상이란, 여래가 설하되 곧 법상이 아니고 그 이름이 법상이니라.

‖ 부처님 왈

수보리야,

사람이 말하기를 여래가 '나라는 지견', '남이라는 지견', '중생이라는 지견', '오래 산다는 지견'을 말했다. 그렇다면 수보리야, 이 사람이 내가 말한 진리를 바로 아는 것이겠느냐?

‖ 수보리

아니옵니다.

여래께서 말씀하는 진리를 알지 못하는 것이옵니다.
왜 그러냐 하오면, 세존께서 말씀하는 '나, 남, 중생, 오래 산다는 지견'은 곧 '나, 남, 중생, 오래 산다는 지견'이 아닌 까닭이옵니다.

∥ 부처님 왈

수보리야,
아뇩다라막삼보리심(깨달은 마음)을 일으킨 이는 온갖 법에 응당 이처럼 알고 보며 깨달아서 진리라는 생각(法相)을 내지 말 것이다.
• 수보리야, '진리라는 생각'도 여래가 곧 '진리라는 생각'으로서가 아니라, 다만 그 이름이 '진리라는 생각'이라고 말하였을 따름이니라.
상도 법상이 아니고 그 이름이 법상이다.

∥ 일법

지견을 내는 것은 내가 있어(아) 번뇌망상이 생겨 괴롭고,
지견을 내지 않는 것은 내가 없어(무아) 해탈하여 마음이 편안하다.

❧ 일법 | 부처님이시여, 왜 중생은 지견을 내어 괴로워합니까?

∥ 부처님 왈

지견을 내는 것은 분별심으로 알음알이, 생각, 관념, 지식 등을 의미한다.
중생이여, 지견을 내는 것을 너무 괴로워하지 말라.
지견은 여래가 주신 축복으로 중생은 그 재미로 산다.

❧ 일법 | 부처님이시여, 지견을 내지 않으면 어떤 즐거움이 있습니까.

∥ 부처님 왈

겸손이란 즐거움이 있다.

첫째는 자신을 나타내지 않고,
둘째는 자신을 자랑하지 않고,
셋째는 나와 너는 다르지 않아 보편적이고 평등하다는 것을 알고,
넷째는 집착하지 않고 편안한 마음으로 세상을 응한다.
그래서 즐겁고 행복할 것이다.

일법 | 부처님이시여, 지견을 내는 것과 지견을 내지 않는 차이는 무엇입니까?

| 부처님 왈
사상견해와 반야의 차이이다.
다시 말하면 중생의 '미혹의 세계'와 부처의 '깨달음의 세계' 차이다.

• 사상견해는 일체법(지견)으로 우주만물의 색과 오온, 12처, 18식의 마음 작용으로 중생의 忘見으로 미혹의 세계이다.
• 반야는 분별없이 아는 것으로 정각지견, 정각정견, 정각조견, 아뇩다라삼먁삼보리, 반야보리, 발보리심, 무상정각을 말하며 부처는 반야까지 여읜다.
지견의 차이를 알면 생노병사(사상견해)에서 멈추고 끌려가지 않고 불생불멸(반야)을 보는 것이 반야바라밀이란 것을 알 것이다.

• 법성과 법상은 대상(지견)의 차이이다.
• 법상은 무엇이 있다는 관념으로 사상견해이다.
법상은 만물이 대상이요, 생노병사요, 수연성으로 인연 따라 이루어지는 것으로 현상이 법상이다.
법상의 세계는 대상의 인식능력으로 중생은 좋은 것은 취하고 나쁜 것은 버린다.
• 법성은 반야를 통달하고 지혜 능력으로 조견하여 자성을 보고 안다.

법성은 성품이요, 불생불멸이요, 정각조견이요, 공이다.

• 법상과 법성을 비유하면,
법성의 본바탕이 물이면 법상은 현상인 파도, 얼음, 안개, 똥물, 구름 등이다.
법성은 본래면목 청정한 마음이고 법상은 대상에서 사랑, 미움, 성냄 등이다.
• 비유 금의 현상이다.
법성은 금체는 황금뿐이나 본체로 무엇이든 만들 수 있다.
법상은 금체를 잊어버리고 수연성이니 인연 따라 반지, 목걸이, 비녀 등을 만든다.

• 법상과 법성은 마음의 차이이다.
법상(지견)은 알음알이, 분별, 생각, 관념, 지식 등을 의미하고 견해와 지견에도 치우치거나 머물거나 집착하거나 절대시하지 말라는 것으로 설법을 위한 방편이다.
법성(조견)은 생멸에서 불생불멸을 보고 현상을 여의고 공을 본다.
얻을 것이 없음을 바로 보고 아는 것이 깨달음이다.

• 색수상행식을 무념으로 돌아가면 아무것도 없다.
견해와 조견도, 법상과 법상도 치우치거나 머물거나 집착하거나 절대시하지 말라는 것으로 설법을 위한 방편이다.
수행자는 좌선 중에 감각을 멈추고 생각을 멈추고 행위를 멈추고 조견(정각조견)하여 형상에서 불생불멸을 보고 즉시시명(무념)을 안다.

> **일법|** 부처님이시여, 불법에는 묘한 불법이 많사옵니다. 깨달았는데 법상을 내지 말라, 묘합니다.

"온갖 법에 응당 이같이 알며, 보고, 믿고 깨달아서 진리라는 생각(法相)을 내지 말 것이다."

부처님 왈

(잠시 침묵 후에) "진리(불법)는 어설로 전할 수 없느니라."

나는 진리를 이심전심으로 전하고,
예수님은 진리를 침묵하였고,
공자님은 진리를 하늘이 무슨 말을 하더냐,
그러하니 중생들이여 진리를 말하려 용쓰지 말라.

중생은 지견을 내지 말지어다.
지견은 중생의 분별심이요,
분별심은 중생의 번뇌이다.
그러나 지견은 좋은 것이다.
중생은 이 재미로 산다.

부처가 되기 위해 중생은 번뇌하고,
깨닫기 위해 중생은 어리석은 생각을 하고,
열반을 위해 중생은 사바세계를 열심히 산다.
중생의 번뇌와 어리석은 생각이 사바세계의 행복입니다.

중생들이여!
인생은 미완성이 완성이라네.

허허허 번뇌, 어리석음, 사바세계가 좋은 일법거사.

일법의 게송

제법무아이니 나라는 지견을 내지 말고,
제행무상하니 남이라는 지견을 내지 말며,
세상은 돌고 도는 것이 자연의 이치이니 중생이라는 지견을 내지 말고,
무아이고 무상하여 자연은 돌고 돌아 멈추지 않으니,
집착하여 오래 산다는 지견을 내어 중생들아 괴로워 말라.

도인과 필부

필부는 보이는 것은 분별하고,
도인은 보이는 것을 흐르는 대로 둔다.
모든 것을 신령스럽게 보아라.

應化非眞
응화신은 참이 아니다

| 부처님 왈

수보리야,

만약 어떤 사람이 아승지 세계에 가득 찬 7보를 가지고 보시한 것과 금강경을 수지독송하여 네 글귀로 다른 이를 위해 연설해준다면 그 복이 저 복보다 더욱 뛰어나리라.

- 어떻게 하는 것이 남을 위해 연설하는 것인가.

생각과 현상에 이끌리지 않고 如如하여 움직이지 않는 것이니라. 그 까닭은 이러하다.

부처님의 게송

一切有爲法 如夢幻泡影 如露亦如電 應作如是觀

일체 현상계의 모든 생멸법은 꿈이며 환이며 물거품이며 그림자 같고 이슬 같고 번개 같으니 마땅히 이와 같이 볼지어다.

세계에 가득 찬 칠보 보시보다 금강경의 사구게를 수지독송하여 남을 위해 연설하는 것이 더 수승하다.

云何爲人演說　　어떻게 남을 위해 연설하는가.

不取於相	상을 취하지 않고
如如不動	여여히 동하지 않느니라
何以故	"무슨 까닭인가"
一切有爲法	일체의 있는 법은
如夢幻泡影	꿈과 환상과 물거품과 그림자 같으며
如露亦如電	이슬과 같고 또한 번개와도 같으니
應作如是觀	응당 이와 같이 관할지니라.

일법

보신불 몸은 변하고 또 변하여 항상하지 못하니 무상이요,
법신불 마음은 생하고 멸하여 머무르지 못하니 무아이며,
응화신 몸과 마음은 항상하지도 않고 머물지 못하니 무념무상이다.
허망한 마음과 몸뚱이가 공하니 번뇌망상이다.

- 행함이 진리가 아니다. (분별심)

중생을 위하여 말과 현상에 행하지 말고 여여하라. (무아)
일체 현상계의 모든 생멸법은 금방 지나간다. (무상)
모든 것이 부질없는 짓이다.
그러면 중생은 뭣해…… 그냥.

일법 | 부처님이시여, 계속 설하시지 왜 열반에 드십니까? (금강경의 27번째 마지막 질문)

부처님 왈

내가 출현과 열반이 없으며 생멸법이 없기 때문이다.
아와 법은 공상이니 아공과 법공은 불생불멸이다.
인생이 무상함을 설한 것은 일체유위법인 육종유위법을 말한다.

세상을 구하고자 한 것이 아니고, 지혜를 닦아 해탈하기 위함(목적)이다.

❦ 일법 | 부처님이시여, 육종유위법은 무엇입니까?

‖ 부처님 왈
일체유위법은 생멸법이요 화합소유다.
일체유위법은 오온, 12처, 18계의 마음 작용(형상)이다.

- 일체유위법인 생멸법은 육종유위법이다.
육종유위법은 생하고 멸하는 것이니 집착하지 말라.
첫째 夢(꿈 몽)은 몽유과거법으로 과거는 꿈과 같다.
 꿈은 지금은 없으나 나의 기억(과거) 속에 녹아있다, 다른 사람은 모른다.
둘째 幻(변할 환)은 세간법으로 국토와 자연은 수시로 바뀐다.
 사람과 자연은 세월이 흐르면 없어지고 恒常하지 않는 환상이다.
셋째 泡(거품 포)는 촉수상의 감수성의 감수작용이다.
 모든 상은 물거품같이 사라진다.
넷째 影(그림자 영)은 의식 세계는 자기 생각의 그림자이다.
 유식소유: 어떻게 보느냐에 따라 보인다.
다섯째 露(이슬 로)는 이슬은 아침에 영롱하지만 해가 뜨면 사라진다.
 몸은 이슬과 같이 사라진다.
여섯째 電(번개 전)은 현재는 번개같이 지나간다.
 과거는 기억이고 현재는 순간순간 번개처럼 지나간다.
 그러므로 십년도, 백년도, 천년도 번개같이 지나간 것이다.
 인생사 모든 것 "이 또한 지나가리라."

🌱 일법 | 부처님이시여, 응화신은 왜 참이 아닙니까?

∥ 부처님 왈

응화신은 여여 부동의 깨달음 경지로 삶이기 때문이다.

사는 것이 그대로 수지독송이요, 입을 열면 위인연설이 되는 것이다.

그 사람은 가르침을 설하지 않고 있더라도 여여 부동한 삶 그 자체로써 끊임없이 법을 설하는 것이 된다. 삶 자체가 설법이 되는 것이다.

그래서 참된 설법은 설법하지 않음으로써 이루어진다.

그래서 교화중에도 가장 으뜸의 威儀敎化라고 한다.

즉 가르침이 그대로 실천으로 옮겨져 사람들이 그 사람의 행위 삶의 모습만을 보고도 충분히 감화하는 것을 말한다.

응화신은 인식하므로 참이 아니다.

산봉우리에 구름이 있어 올라갔더니 없어라.

노인들은 별 걱정을 다 한다.

저 죽을 날은 모르면서…… (내 자신을 내가 모른다)

일법의 마지막 게송

용쓰지 맙시다

깨달으려 용쓰지 마시오
깨닫고 나면 또 다른 어리석음과 번뇌가 있고

부처가 되려고 용쓰지 마시오
부처가 되고 나면 또 다른 중생이 되고

적정열반 죽으면 적정열반이라오
일법은 그냥저냥 살다가 열반에 들 것입니다
그것이 징하게 마음 편하다우……

　　　　　　- 지도 모르면서 일법거사
(요즘: 수고했습니다. 욕봤습니다. 용쓰지 마십시오. 폭싹 속앗수다.)

揭諦 揭諦 波羅揭諦 波羅僧揭諦 菩提莎婆訶

응화신은 참이 아니다

중생이 바라본 금강경

1판 1쇄 발행 2025년 9월 3일

지은이 일법

교정 남상묵
마케팅·지원 이창민

펴낸곳 (주)하움출판사 펴낸이 문현광

이메일 haum1000@naver.com 홈페이지 haum.kr
블로그 blog.naver.com/haum1000 인스타 @haum1007

ISBN 979-11-7374-132-6 (03320)

좋은 책을 만들겠습니다.
하움출판사는 독자 여러분의 의견에 항상 귀 기울이고 있습니다.
파본은 구입처에서 교환해 드립니다.

이 책은 저작권법에 따라 보호받는 저작물이므로 무단전재와 무단복제를 금지하며,
이 책 내용의 전부 또는 일부를 이용하려면 반드시 저작권자의 서면동의를 받아야 합니다.